TAKA DOLUSU KAHKAHA
KARADENİZ
FIKRALARI

GÖNÜL YAYINCILIK

KARADENİZ FIKRALARI

Her hakkı saklıdır.
© Gönül Yayıncılık Matbaacılık Ltd. Şti.'ne aittir.
© 2019

Yayına Hazırlayan
Ali OLCAR

Dil ve İmla Yönünden İnceleyen
Gönül Yayın Gurubu

Sayfa Düzeni
Çağlayan TECİMER

Kapak Tasarım
Ali İMREN

ISBN
978-605-5362-19-5

Baskı
Osmanlı Matbaası
Sertifika No: 29041

GÖNÜL YAYINCILIK MATBAACILIK LTD. ŞTİ.
Ergenekon Mah. Nişantaşı Sok.:3/A Yenimahalle/ANKARA
Tel: 0 312 343 92 27 **Faks:** 0 312 343 92 23
e-posta: gonulyayincilik@gmail.com
Sertifika No: 17795

İÇİNDEKİLER

Yelpaze	11
Zayıf	12
Bira	13
Felaket Haberi	14
Pilot Temel	15
Gümrük	16
Bina	17
Issız Ada	18
Fadime'den E-Posta	19
Uçağa Binmişler	20
Roket	21
Antronör Dursun	22
Babamın Malı	23
Evdeki Kuzi	24
Acım	26
Vasiyetini Değiştirmiş	27
Kuş Avı	28
Yüzünü Kapat	29
Geçim Çaresi	30
Dört Kişilik Eğitim Uçağı	31
Tavuk	32
Amerika'ya Yüzelim	33
Almanya Şampiyonu	34

İÇİNDEKİLER

İnek 35
Çukur 36
Dar Oda 37
Annenin Yanına 38
Kuaför 39
Kim Daha Zeki 40
Haline Şükret 41
Bakış 43
Barmen 44
Sağır Kim 45
Sempatik 46
İki Tünel 47
İlk Gün 48
Çadırı Çalmışlar 49
Kim Daha Zeki 50
Sıyırdı da Geçti 51
Ehliyet 52
Temel'in Almaları 53
Lakap 54
Benimkini Boşver 55
Bizim Kari 56
Yassı Tavuk 57
Şaka 58

İÇİNDEKİLER

Ne Zaman İneceğuk? 59
Pi Şans Daha 60
Güneş 61
Espiri 62
Fadime Teyze 63
Annesinden Temel'e Mektup 64
Görey misun? 65
Vergi 66
İnatçılık Şampiyonası 68
Medeniyetin Gözünü Seveyim 70
Duymasın 71
Temel ve Karısı 72
Mor Göz 73
Mücevher 74
Komutan 75
Kamera 76
Karadeniz 77
Vites 78
Gözlük 80
Hot Dog 81
Temel ile Ölüm 82
Mutursikler Gezisi 83
Futbol 84

İÇİNDEKİLER

Karadenizli Yılanlar 85
Komutana Karşılık 86
Yağmurluk 87
Soğuk Çay 88
Uy Paralar 89
Vites 90
Makinist 92
Verdim Ama 93
Temel İle Azrail 94
Temel'in Vasiyeti 95
Astronot 96
Temel'in Aklı 97
Trabzon'a Gitmez 98
Dönmek 99
Cep Telefonu 100
Katil İdris 101
Temel ve Çoban 102
Otobüs 103
Asansör 104
Cumhurbaşkanı 105
İsim Değiştirme 106
Yeni Geldim 107
Temel'in 4 Karısı 108

İÇİNDEKİLER

Ula Ekmek Var midur? 109
Türk İşi 110
Sinyal 111
Paraşüt 112
Tuvalet Kağıdı 113
Yarışma 114
Tren 115
Alkol Kontrolü 116
Cehennem 117
Kasaptaki Coca Cola 118
Rize 119
Amerika 120
Merak Bu Ya 122
Tuz Ruhu 123
Mısırlılar ve Temel 124
Eczane 125
Temel ve Fare 126
Vurduk Oni 128
Leyla ile Mecnun 129
Borç 130
Beklenti 131
3 Ayaklı Tavuklar 132
Acıyın 133

İÇİNDEKİLER

Beyin 134
Kaynana 135
Balık Avı 136
Ne İçin Çalışıyorlar 137
Üç Dil 138
Şerefsizim 139
İngilizce 140
Karadenizlinin Biri 141
Ohhh Beee 142
5 Kişiyiz 144
İş Başvurusu 145
Pijama 146
Buralı Değilum 147
Titanik 148
Gelirsem Oraya 149
Ferrari 150
Verdiniz mi 151
Sahte Dolar 152
Örgü 153
Otelci Temel 154
Fakiriz 155
Ne Getirsin 156
Rize'nin Kurtuluşu 157

İÇİNDEKİLER

Okey 158
Soyulmuş 159
Kaza 160
Sigaranın Zararları 161
Trafik Canavarı 162
Çaktırma 163
Çalınan Araba 164
Temel Atma Töreni 165
Taksici Temel 166
Bayram Namazı 167
Ukala 168
Bıyık 169
Yüzme Bilmeyrum 170
Tuvalet Fırçası 171
Doktor Raporu 172
Nasıl Farketmiş? 173
Yumruğu Kim Vurmuş? 174
Temel Uykuda 175
Ödül 176
Babaanne 177
Akıllı Damat 178
Çirkinlik 179
Temel'in İyilik Meleği 180

İÇİNDEKİLER

Randevu 181
Ölür müyüm? 182
100. Kat 183
Üç Arkadaş 184
5 Kişilik 185
Direndi 186
Temel ve Köpeği 187
Hatırla 188
100 Hamsi 189
Notlar 190

YELPAZE

Temel bir gün kışın ortasında oturup yelpazeleniyormuş.

Dursun:

- Napiyon Temel kişın ortasinda yelpazeyle, hava buz gibu zaten.

Temel:

Kilimalar kişin sicak hava üfliyo ya, eee yelpaze de kişın sicak hava üfleeer.

ZAYIF

Temel karnesini getirdi. Matematik notları zayıftı. Annesine sordu:

- Anneciğim matematikten pekiyi alsam ne yaparsın?
- Bu da soru mu yavrum, sevinçten deli olurum.
- Öyleyse hiç korkma anneciğim deli olmayacaksın, çünkü zayıf aldım.

BİRA

Bir gün Temel meyhaneye gider. Garsona bana bir bira der. Garson bir birayı getirir.

Akşam olur hesap gelir parası olmadığından dayak yer çıkar. Ertesi gün yine aynı meyhaneye gider. Yine garsona bana bir bira ver der. Yine hesap geldiğinde parası olmadığından dayak yer çıkar.

3. gün yine gelir bu sefer parası olduğundan garsona herkese benden bira sana yok der.

Garson niye bana yok deyince sen içince sapıtıyorsun der...

FELAKET HABERİ

Gurbette çalışan iki Karadenizli den biri izinden dönmüş, hemşerisine memleketten haberler veriyordu.
- Memlekete kar yağdı; kurtlar, çakallar köye indi!
Deyince araların da şu söyleşi geçti:
- Bir zarar verdiler mi?
- Sizin çil horozu çakal kaptı!
- Peki, Karabaş neredeymiş?
- Eşek Karabaş ı tekmeyle öldürmüş!
- Eşek değirmen de değil miydi?
- Değirmenden babanın tabutunu getirmişti!
- Uy babam öldü mü?
- Öldü ya... Ananın ölümüne dayanamadı da!
- Ah anam ah o da mı öldü? Desene ocağım söndü. Evim boş kaldı.

- Hayır, boş kalmadı. O da yangın da yandı, kül oldu

PİLOT TEMEL

Pilot Temel telsize var gücüyle bağırıyordu:
"Ula, sağ motor bozuldu. Düşeyrum, düşeyrum. Meydey düşeyrum. Kule düşeyrum."
Kule hemen cevapladı:
"Mesaj anlaşıldı. Yerinizi bildirin, yerinizi bildirin."
Temel gayet ciddi:
"Pilot kabini, öndeki sol koltuk, pilot kabini, öndeki sol koltuk."

GÜMRÜK

Trabzon'la Rize arasında bir zamanlar gümrük varmış. Temel her gün bisiklet ve önünde bir kum torbasıyla gümrükten geçermiş. Bir gün Gümrük Memuru bu durumdan kuşkulanmış. Temel'e:
- Dur. Ne geçiriyorsun gümrükten, demiş. Temel:
- Kum, demiş.

Memur kum torbasına elini sokmuş karıştırmış gerçekten sadece kum varmış torbada. Bu olaydan sonra Temel yıllarca gümrükten bisikletle önünde kum torbası olduğu halde geçmiş. Yıllar sonra Trabzon'da bir kahvede Temelle Gümrük Memuru karşılaşmış.

Gümrük Memuru:
- Ula Temel artık emekli oldum sana bir şey yapamam gerçekten ne geçiriyordun gümrükten?

Demiş.
 Temel:
 - Bisiklet, demiş

BİNA

Temel, Fransız ve İngiliz 6 yıl hapse girerler 6 yıl hapsi yatar ve çıkarlar çıktıklarında nerede kalacaklarını aralarında tartışırken Fransız atılır:
- Benim 6 bin katlı binam var isterseniz oraya gidelim.
İngiliz:
- Benim de 850 bin katlı binam var isterseniz oraya gidelim, demiş.
Temel:
- Haçen uşaklar kavga edeysuz ama benim bir binam var hapse girmeden önce aşağı tükürdüm hala yere düşmedi, demiş.

ISSIZ ADA

Temel, bir Fransız ve bir Amerikalı ile ıssız bir adadaymış. Bir gün iyi huylu bir deniz perisi gelip demiş ki:

- Uzun zamandır izliyorum sizi. Geminiz battıktan sonra çok acı çektiniz. Dileyin benden, ne dilerseniz.

- N'olur beni Fransa'ya gönder, demiş Fransız. Hoop gitmiş Paris'e.

- Beni de Amerika'ya lütfen demiş Amerikalı ve o da hoop California'ya.

Sıra Temel'e gelmiş. Düşünmüş, düşünmüş.

- O Fransız ile Amerikalı uşakları çok özledim. Çağır onları geriye.

FADİMEDEN E-POSTA

Şubat ayının soğuk günlerinde, ikisi de Amerika'nın değişik bölgelerinde, ayrı ayrı iş gezilerinde olan Dursun'la karısı, Florida'da buluşup yaz sıcaklarının yaşandığı bu bölgede, bir kaç gün geçirmeye karar verirler.

Eşi, Dursun'dan önce gider Florida'ya ve ertesi gün için Dursun'a da yer ayırttıktan sonra, ona bir e-posta gönderir. Fakat mesaj, adreste bir harfi yanlış yazdığı için, Dursun yerine, bir gün önce karısı ölen Temel'e gider. Yaşlanmış olan Temel, bilgisayar ekranında mesajı okuyunca, korkunç bir çığlık atar ve düşüp bayılır. Zaten çok üzgün olan Temel'in bu çığlığı üzerine ev halkı odaya dolar ve herkes yerde yatan Temel'e yardım için koşuşturmaya başlar.

Temel, bir süre sonra kendine gelir ve niçin çığlık attığını soranlara, bilgisayar ekranını gösterir:

"Sevgili Kocacığım,

Bugün, buraya ulaşır ulaşmaz, önce yarın senin gelişinle ilgili tüm işlemleri tamamladım, sonra da bana ayrılan yerime yerleştim. Burası gerçekten de dedikleri gibi çok sıcak... Seni dört gözle bekliyorum..."
(Karın)

UÇAĞA BİNMİŞLER

Temel ile Dursun bir gün uçağa binmişler:
Temel Dursun'a demiş ki: Ula Dursun uçağa binince hakkatende insanlar karınca gibi görünüyo, demiş.
Dursun da: Ula salak, zaten onlar karınca, daha uçak hareket etmediki.

ROKET

Temel bir gün o km bir otomobil alır ertesi gün aldığı bayiye getirerek ha uşağum pu araba bozuldi der. Garanti nedeniyle yenisini verirler ertesi gün yine bozulur yine getirir. Buna kızan yetkililer Temel'in yanına bir elaman verir git bununla nasıl sürüyor arabayı bak der. Temel ve elaman arabaya binerler...

Temel şu 1 der hareket eder ve vites yükseltmeye başlar şu 2, şu 3, şu 4, şu 5 der ve şu da roket der geri vitese atar.

ANTRONÖR DURSUN

Boksör Temel iri yapılı rakibi ile maç yapar. 1. rauntta rakibi Temel'i epey haşlar. 1. raunt sonunda Temel köşesine gider.

Antrenörü Dursun moral vermek için Temel'e "Sen dövüyorsun devam et." der. 2. ve 3. rauntlarda da aynı şeyler olur. 4. rauntta kaşı ve gözü patlamış Temel raunt sonunda güç bela köşesine gider.

Dursun yine "Aslanım Temel, adamı parçaladın." der. Temel güç bir şekilde Dursun'a bakarak "Ben mi dövüyorum?" der. Dursun "Evet sen dövüyorsun." der.

Temel: "Öyle ise etrafa iyi bak başka birisi beni fena halde dövüyor!"

BABAMIN MALI

Bir gün Temel ve karısı Fadime uçakla yolculuk yapıyormuş uçak birden sallanınca Fadime yan koltuktaki Temel'i dürtmüş.
- Ula Temel uçak düşi demiş.
Temel:
- Düşerse düşsün babanın malimidur.

EVDEKİ KUZİ

Bir inşaata amele alınacaktır. Alınacak elemanları kalfa Cemal'in seçmesi istenir. Adaylar kalabalıktır. Bu durumda Cemal sınav yapmaya karar verir.

- Pize 1 kişi lazımdur. Pu nedenle sizu imtihan edeceğum. Bir ara gözü Temel'e ilişir. Burnundan tanımıştır. Hemşerisini işe almak ister. Önce Temel'i sınava alır ve sorar.

- Hemşerum söyle baa bakalum. Sana 3 kuzu verdum, sonra 2 kuzu daha verdum kaç kuzu oldi?

- 6 tane oldi. Cemal biraz bozulur ama çaktırmaz.

- Tabi bu soru biraz zor oldu, piraz taha kolayini sorayum.

- Sana 2 kuzu verdum, sonra 1 tane taha verdum kaç kuzi oldi?

- Tört kuzi oldi.

Cemal sinirlenir, Ama hemşerisini de işe almak ister.

- Peçi 1 kuzi verdim, sonra bir kuzi taha verdum kaç etti?

- Üç etti. Bunun üzerine Cemal iki tokat çakar ve tekrar sorar.

- Pir kuzi verdum, kaç kuzin oldi?

- İçi tane. Cemal iyice sinirlenir ve Temel'i iyice döver.

- Ulan hemşeru teyup işe almak istedum, sen de tam salakmişsun. Ula sağa pir kuzi vermişsem pir kuzin olur anladun mi?

- Olir mi, der Temel.

- Penum evde bir kuzi de kendumin var.

ACIM

Dursun bir kıza âşık olmuş. Aşkından şiir yazmış. Şiiri:
Sabahları yemek yiyemiyorum.
Çünkü seni düşünüyorum
Öğlenleri yemek yiyemiyorum.
Çünkü seni düşünüyorum
Akşamları yemek yiyemiyorum
Çünkü seni düşünüyorum
Geceleri uyuyamıyorum.
Çünkü acım.

VASİYETİNİ DEĞİŞTİRMİŞ

Aşırı derecede duyma özürlü olan Temel dedeyi dükkâna çağıran tezgâhtar, dışarıdan hiç fark edilmeyen bir duyma cihazını kulağına yerleştirdi. Bir hafta sonra Temel dede, yeniden dükkândaydı.
Tezgâhtar, "nasıl?" dedi, "Kulak cihazı iyi çalışıyor mu?"
- Harika! Dedi Temel.
- Umarım aileniz de mutlu olmuştur, dedi satıcı.
- Onların haberi bile yok, dedi Temel dede. Bu aleti taktığımdan bu yana vasiyetimi iki kez değiştirdim.

KUŞ AVI

Temel'le Dursun bir gün kuş avına çıkmışlar.
Dursun yakınmış "Ah ah hiçbir şey yakalayamadık."
Temel:
"Bence köpeği daha yukarıya atmalıyız."

YÜZÜNÜ KAPAT

Dursun bir gün mafyanın eline düşmüş mafyanın adamları bunu soyup İstanbul'un göbeğinde bırakmışlar. Eliyle şeyini kapatıyormuş, o arada Temel Dursun'u görmüş.

"Ula Dursun anladık çıplaksın, niye şeyini kapatıyon, orayı kimse tanımaz. Sen yüzünü kapat" demiş.

GEÇİM ÇARESİ

Siyasiler boş yere kavga ederse ekonomi de vatandaşa kalır... Temel, Dursun ve İdris'in parasızlıkları canlarına tak eder. Bir taraftan işsizlik bir taraftan geleceği kapkara bir siyaset... Ekonomi ve enflasyonu bırakan siyasiler devamlı kavga ederler...

Bunlar da oturur geleceğimizi, yani ekonomi, işsizlik nasıl çözülür onu tartışırlar.

İdris söz alır:

- Uşaklar ben en hızlı kalkunmanun yolini buldum... Bi uçak filosu yolliyalum. New York'i bombaliyalum... Sora da Amerika bize atom atar. Teslim oluruk. Sora da Japonya gibi çikaruk ortaya aha zengin oldun... Dursun atılır:

- Ula daha kolayi varken öyle niye edeyruk... En iyisi Amerika'ya savaş ilan edelum Beşinci Filo oriya çıkarma yapar... Savaşı kaybederuk... Ardından Almanya gibi ortaya çikaruk aha zenginsun. Sonunda Temel atılır, kafasını kaşır ve:
- Ula uşaklar ya savaşi biz kazanursak, oni hiç hesap etmedunuz...

4 KİŞİLİK EĞİTİM UÇAĞI

Dört kişilik bir eğitim uçağı Karadeniz'de mezarlığa düşmüş...

Karadenizliler 80 ceset çıkarmışlar; ölü sayısının artmasından korkuyorlarmış.

TAVUK

Temel bir gün eczaneye girmiş, "Tavuk var mı hemşerim?" demiş.

Eczacı:

Kardeşim tavuk olmaz burda bak ilaç satıyoruz, demiş.

Temel ertesi gün tekrar gidip "Tavuk var mı?" demiş.

Eczacı: Benim başımı belaya sokma burda tavuk olmaz demiş.

Temel: Ne kızaysın madem yoktu sende cama yaz burda tavuk yok, diye.

Adam eczanenin camına kocaman yazmış burda tavuk yoktur, diye.

Temel ertesi gün yine gelmiş "Tavuk ne zaman gelecek hemşerim?" demiş.

AMERİKA'YA YÜZELİM

Temel ile Dursun Karadeniz sahilinde oturuyorlarmış. Temel, Dursun'a demiş ki:
- Gel beraber Amerika'ya yüzelim...
İki kafadar Karadeniz'den başlamışlar yüzmeye, Marmara, Ege, Akdeniz falan derken okyanusları da aşıp Amerika'ya yaklaşmışlar. Hatta Özgürlük Anıtı'nı görmüşler. Tam bu sırada bizim Temel, Dursun'a dönüp:
"Dursun, ben kesildum geri döneyrum." demiş.

ALMANYA ŞAMPİYONU

Temel bir gün iş için Almanya'ya gitmek zorunda kalmıştı. Uçakta da Dünya Almanya Tükürük Şampiyonu varmış. Tükürük Şampiyonu Temel'e doğru tükürmüş. Adam Temel'in alnını sıyırmış.

Adam, Temel'e:

- Ben Almanya Dünya Tükürük Şampiyonuyum, demiş. Temel bu olayı umursamamış. Adam bir kere daha tükürmüş.

Bu sefer de Temel'in kafasını sıyırmış. Temel dayanamayıp Tükürük Şampiyonu'nun suratının ortasına tükürmüş.

İNEK

Bir gün Temel kahvede oturuyormuş.
Dursun gelmiş kahveye demiş; "Temel, senin inekler sigara içiyor mu?"
"Hayır," demiş.
Dursun da; "O zaman senin ahır yanıyor."

ÇUKUR

Bir gün Temel ile Dursun bir yere gidiyorlarmış, önlerine hiç bakmadan bir çukura düşerler, o çukurdan çıkmaya çalışırlar ama çıkamazlarmış. Sonunda akşam olmuş Temel:
"Ula Dursun ben bi kere daha deneycem, çıkarsam iyi, çıkamazsam eve gidecem, çünkü karım evde beni bekler yahu...

DAR ODA

Temel bir otele girer ve "Bana bir oda." Der, çokça para verir.
Görevli bavulu alır. Asansöre binerler
Temel:
Bu kadar paraya bu küçük yeri mi veriyorsunuz?
Görevli:
Efendim burası asansör, der.

ANNENİN YANINA

Bizim Temel paraşütçü olmuş. Bir gün Temel'e hocası, "Temel git aileni iki gün ziyaret et." demiş. "Gelince büyük gösteri yapacağız."
Temel gitmiş iki gün annesini babasını görmüş hasret gidermiş. Gideceği gün annesi Temel'e "Oğlum atlama senin paraşütün açılmayacak rüyamda gördüm." demiş.
Temel hocasının yanına varınca hocasına olan biteni anlatmış. Hocası Temel'i ikna edememiş ve sonunda "Tamam sen benimkini al." demiş. Uçağa binmişler Temel hocasının paraşütünü almış ve atlamış. Biraz gitmiş ipi çekmiş açılmış, derken yanından hızla hocası geçmiş. Temel hocasının arkasından bağırmış. "Hocam nereye gidiyorsunuz?" Hocası, Temel'e "Annenin yanına annenin!" demiş.

KUAFÖR

Dursun kuaför sahibiymiş her gün saçını yaptırmaya gelen Fadime'ye sevdalanmış, bu sırrını Temel'e söylemeye karar vermiş. Temel'e şöyle demiş:
- Ula Temel ben Fadüme'ye sevdalandım.
Temel de:
- O zaman bunu bana değül Fadime'ye söyleseydun.
Dursun:
Ama bi sorun var.
Temel:
"Neymuş da?" demiş.
Dursun:
Fadüme her gün bana saç yapturmaya geliyor, para alayrum eğer Fadüme'yle evlenirsek saçlarunu bedava yapmak zorunda kalurum.

KİM DAHA ZEKİ

Küçük Temel'le arkadaşları sınıfta aralarında kim daha zeki diye tartışıyorlarmış

Küçük Temel:

- Ben çok zekiyimdir, üç aylıkken yürümeye başlamışım, demiş.

Oradan Dursun hemen atlar:

- Sen ha buna zekâ mı deyisun. Haçan ben üç yaşına kadar kendumi kucakta taşitmişum.

HALİNE ŞÜKRET

Dursun, çok feci bir trafik kazası geçirir... Koma halinde hastaneye kaldırırlar. Tedavi olurken kendine gelir. Yatağında bakar ki bir kolu yok... Hepten morali bozulur, asabileşir. Bir taraftan da hastaneyi birbirine katar:

- Ben tek kolla nasıl yaşarım şimdi! Diye bağırıp çağırır. Kendini hastanenin penceresinden atıp intihar edeceğini söyler. Doktorlar başına toplanır, bakarlar Dursun ciddi, başlarlar nasihate:

- Bak evladım, insan tek kolla da yaşayabilir, ölmediğine şükretsene. Sonra beterin beteri var. Geçen yıl Temel de kaza geçirdi. Onun iki kolunu birden kesmek zorunda kalmıştık... Ama o senin gibi bağırıp, hastaneyi birbirine katmadı. Şimdi de gül gibi yaşayıp gidiyor. İnanmazsan git de bak.

Dursun, bir an sakinleşir, gider yukarı mahallede Temel'i bulur. Bir de bakar ki, Temel'in hakikaten iki kolu kesik ama, Temel bahçede kıvır kıvır oynuyor, hem de nasıl oynuyor...

Bizim Dursun'un kafası karışır ve hayretle Temel'e yaklaşır:

- Ula Temel, eyi ki seni gördüm, yoksa hayatum gideyidi. Ula bizim bi kolumuz kesildi diye intihar edeceğidum. Ama senin, iki kolin kesik vaziyette, hem de bi dansöz gibi oynamana karşı teselli oldum... Şu dünyanın haline bak, benum tek kolum kesildi diye intihar edecek kadar beyinsuzum, sense iki kolin yok göbek ataysun... Derken, Bizim Temel patlar:

- Ula sen manyak misun, ne göbek atmasi. Sırtım fena halde kaşuniyi... Patlayrum.

BAKIŞ

Temel otobüse binmiş. Sormuşlar,
- Ne yaptın, pilet aldın mı?
- Piletci sankim pilet almamuşum gibi pağa manali manali paktu.
- Peki, sen ne yaptın?
- Pen de sankim pilet almişum gibi ona manali manali paktum.

BARMEN

Temel bir otele yerleşmiş. İlk gece bara inmiş ve 3 tane içki istemiş. Her gece 3 tane içki istiyormuş.

Sonunda barmen merak edip neden her gece 3 tane istediğini sormuş.

Temel de:

"Biz 3 kardeş iduk ve üçümüzde farklı ülkelere dağıldık. Birbirimizin yerine de içeriz." demiş.

Temel ondan sonraki gece barmenden 2 tane içki istemiş.

Barmen:

"Başınız sağ olsun. 2 tane istediğinize göre kardeşlerinizden biri mi öldü?" demiş.

Temel ise:

"Yok! Sadece ben içkiyi bıraktım!"

SAĞIR KİM?

Temel doktora gitmiş:
- Doktor Bey, Bizum Fadime sağır herhalde, sorularıma cevap vermeyi...
- Karınızın sağırlık derecesini ölçelim. Siz bir soru sorun, duymaz ise beş adım yaklaşıp soruyu tekrarlayın. Ne kadar mesafede duyuyor bilelim.

Temel, deneme yapmak için eve gittiğinde Fadime'yi yemek yaparken bulmuş:
- Karıcuğum, bugün yemekte ne var?

Ses yok... Beş adım yaklaşıp bir daha sormuş. Çıt yok... Bir beş adım daha yaklaşıp yine sormuş:
- Kız Fadime saa diyrum, yemekte ne var?
- Bak Temel, dördüncü kez söyliyrum, yemekte hamsili pilav var...

SEMPATİK

Temel, Cemal'e anlatıyormuş:
- Bi herif bana çok sempatiksiniz, dedi.
- O ne demektir?
- Pek de pilemeyrum ama her ihtimale karşi furdum oni.

İKİ TÜNEL

Mısır, Kızıldeniz'de tüp geçit yaptırmaya karar verir yapılan ihaleye, bir Amerikan, bir Alman, bir Japon firmasıyla birlikte bizim Temel'in firması da katılır. İhaleye katılan Amerikan firmasına tüp geçidin nasıl yapılacağı sorulur:

- Biz iki taraftan kazmaya başlarız ve ortada birleştiririz fark yaklaşık 1 metre olsa da 30 metrelik geçitte bunu kolayca kapatırız, der. Daha sonra Alman firması benzer bir öneriyle farkın 80 cm. olacağını ve kolayca kapatabileceklerini söyler.

Japonların farkı 50cm.'ye indiren önerisinden sonra sıra bizim Temel'e gelir ve Temel projesini açıklar:

- Bizde iki taraftan kazmaya başlarız ortada buluşursak buluşuruz buluşamazsak iki tane tünelimiz olur.

İLK GÜN

Dursun bir gün Temel'e:
- Ula Temel, demiş.
Amerika'nın taşı toprağı altın. Gel sen de zengin olursun, demiş.
Temel de:
Tamam, uşağum geleyurum, demiş.
Temel binmiş uçağa gitmiş Amerika'ya.
Yolda yürürken yerde 100 $ görmüş.
Temel:
Uy! Demiş daha ilk cünden işe başlamak olmaz, demiş.

ÇADIRI ÇALMIŞLAR

Temel'le Dursun bir gün kamp yapmaya gitmişler. Kurmuşlar çadırı, akşam olmuş; o yorgunlukla yatmışlar, biraz sonra Temel uyanmış. Dursun'u da uyandırmış, demiş ki Dursun bak bakim yukarıya ne görüyorsun? Dursun da demiş ki yıldızları görüyorum.

Temel: Bunlar sana ne ifade ediyor, demiş.

Dursun: Astrolojik olarak Samanyolu'nu meteorolojik olarak havanın yarın güzel olacağını, bizim köyde de saatin 3 olduğunu gösteriyor, demiş.

Dursun: Peki sana ne ifade ediyor, demiş.

Temel: Çadırı çalmışlar, çadırııı!

KİM DAHA ZEKİ

Bir gün Temel, İngiliz ve Fransız bir otel odasında kalmışlar fakat bu otele daha önce gelmiş olan Fransız, Temel'e karıncalı odayı vermiş. Ertesi gün Fransız dalga geçmek için

- Nasıl karıncalarla iyi uyudun mu? Demiş. Bunun üstüne Temel:

- Evet, odaya geldiğim de karınca vardı ama ben nasıl kurtulacağımı buldum içlerinden birini öldürdüm hepsi onun cenazesine gittiler, demiş.

SIYIRDI DA GEÇTİ

Temel ile papağanı maça gideceklermiş Temel'in işi çıkmış Dursun ile gitmişler. Maçta herkes 'salak' diye bağırmış. Papağan da bunu ezberlemiş salak salak demeye başlamış. Sonra futbolcunun biri kaleye şut çekmiş. Sıyırıp geçmiş. Herkes 'sıyırdı da geçti' demiş. Papağan bunu da ezberlemiş. Yukardan uçak geçmiş. Benzini bitip sahanın ortasına düşmüş. Herkes 'benzini bitti stop' demiş. Papağan bunu da ezberlemiş eve gelmişler papağan hizmetçiye 'salak' demiş. Hizmetçi terliği atmış, sıyırmış. Papağan 'sıyırdı da geçti.' demiş. Sonra kadın bayılmış. Papağan, 'benzini bitti stop etti.' demiş.

EHLİYET

Temel, yeni ehliyet almış yolda gidiyormuş. Gündüz yolda giderken yolun ortasındaki bir direğe çarpmış, sıkışıp kalmış, herkes başına toplanmış trafik polisi de gelmiş. "Beyefendi nasılsınız iyi misiniz?" "İyiyim iyi." "o zaman isminizi söyleyin de karınıza haber verelim." "Gerek yok. Karım ismimi bilir."

TEMEL'İN ALMALARI

Temel bir gün elma satmaya çıkmış. Elmaları satarken "Alma alma" diye bağırıyormuş. Bir adam gelmiş; "1 kg elma ver." demiş. Temel de vermiş. Adam eve gitmiş akşam elmaları yerken bakmış hepsi de çürük. Sabah olmuş; adam sinirli. Temel'in yanına gitmiş. Temel'e "Bu elmaların hepsi çürük." Temel de "Ben ne yapayım, ben sana demedim mi 'alma alma' diye."

LAKAP

Temel'e ağası eşek lakabını takmış. Herkes 'eşek geldi eşek gitti' diye konuşurlarmış.

Dursun bunu duymuş. Temel'e "Git ağaya lakabını değiştirsin." demiş.

Temel gitmiş, gelmiş. Dursun sormuş; Temel 'sıpa lakabını taktı' demiş. Dursun: "Vay başıma gelenler sen büyür yine eşek olursun."

BENİMKİNİ BOŞVER

Temel ile Dursun uzun zamandır birbirlerini görmüyorlarmış büyük bir alışveriş merkezinde karşılaşmışlar.

İkisi de panik içinde birbirlerine eşlerini görüp görmediklerini sormuşlar. Ama ikisi de birbirlerinin eşlerini tanımıyormuş ve birbirlerine tarif etmeye başlamışlar:

Temel, "Benim karım 1.80 boyunda, sarışın, mavi gözlü, 90-60-90 ölçülerinde güzel bir kadın." demiş.

"Ya senin karın nasıldı?"

Dursun cevap vermiş:

"Benimkini boş ver seninkini arayalım."

BİZİM KARI

Mahkemede hâkim, Temel'e sormuş;
- Kiminle evlisin?
- Bizum kariylan!

Hâkim sinirlenmiş:
- E, herhalde. Sen hiç erkekle evlenen duydun mu?
- Duydum tabi, nasil duymadum?
- Kimmiş?
- Bizum kari.

YASSI TAVUK

Karadeniz'i gezen bir adam yolda aniden önüne çıkan tavuğu ezmiş. Hayvanı ezdiği için üzüntü duymuş ve sahibine en azından parasını vermek istemiş. Almış tavuğu oradaki köye gitmiş. Elindeki tavukla kahveden içeri girmiş:

- Affedersiniz; ben hemen köy dışında bu tavuğu ezdim. Sahibini arıyorum, en azından parasını vereyim diye. Acaba bu tavuğun sahibi kim? Bunun üzerine kahvedeki herkes meraklı bakışlarla tavuğu incelemiş, sonunda:

- Hemşerim sen yanlış geldin. Bizim köyde böyle yassı tavuk bulunmaz.

ŞAKA

Bir gün Temel balığa çıkar. İyi bir avdan sonra bir tekne balık tutar. Birden hava patlar ve çok büyük bir fırtına çıkar.

Temel dua etmeye başlar. "Tanrım beni bu fırtınadan kurtarırsan bütün bu balıkları fakirlere dağıtacağım." der, içinden.

Hava bir zaman sonra düzelir. Temel evine dönmeye başlar. Bir taraftan da balıklara bakar ve içinden "Bu balıklar fazla yarısını dağıtsam da olur." der. Biraz daha sonra balıklara tekrar bakar ve "Bu balıkların yarısı da çok fazla, ben bunların çeyreğini dağıtsam olur." der.

Biraz daha zaman geçer. Temel tekrar balıklara bakar. Tam o sırada hava tekrar bozulur. Temel

kafasını gökyüzüne diker ve şöyle der:
- Haçen, sen de şakadan heç anlamiysun...

NE ZAMAN İNECEĞUK?

Temel ile Dursun bir yere gidiyorlarmış. Şoför: "Levent - Fatih - Eyüp" diyormuş. Dursun sıkılmış. Temel'e:
"Ula Temel ne zaman ineceğuk?
Temel de demiş ki:
"Çatlama ula, ismimuz okunsun ineruk daa"...

Pİ ŞANS DAHA

Temel her zamanki gibi yine okuldan kaçmış. Öğretmeni en tembel öğrenci yarışması için Temel'i, İnönü Stadı'na görürmüş. Herkes statta bağırıp çağırıyormuş. Öğretmen Temel'e, "2-1 kaç eder?" demiş. Temel "1 eder." demiş. Bütün stat sessizliğe bürünmüş. Neden sonra hep bir ağızdan:
- Hocam, pi şans daha!

GÜNEŞ

Bir mecliste konuşulurken,
Amerikalı:
- Biz Mars'a gideceğiz, demiş.
Alman:
- Biz yakıtsız giden otomobil üreteceğiz, demiş.
Fransız:
- Atom bombasını etkisiz hale getirecek projelerimiz var, demiş.
Bizim Karadenizli de onlardan geri kalmamak için:
- Biz de Güneş'e gideceğiz, demiş.
- Güneşe gidemezsiniz, demişler. Güneş yakar.
Karadenizli gülümsemiş:
- O kadar da enayi değiliz tabi, demiş. Akşam serinliğinde gideceğiz

ESPİRİ

Dursun bir gün Temel'e sorar:
- Ula Temel sen bir öğünde kaç hamsi yeyisun?
- Elli.
- Peki, oruçken ne kadar yeyisun?
- Yüz.
- Hayır, oruçken bir tane yediğin zaman orucun bozulur ve diğer doksan dokuz taneyi oruç değilken yersun.

Temel bu espiriyi çok sever ve hemen bir arkadaşına yapmak ister.
- Ula sen oruçken kaç hamsi yersin?
- Yirmi.
- Tüh! Espiriyi kaçırdın, yüz deseydin çok güzel bir espiri yapacaktım.

FADİME TEYZE

Temel ile Dursun'un köylerinde bulunan 70 yaşındaki Fadime teyzeye bir gün Temel bir oyun oynamaya karar verir. Temel, Fadime teyzeye şu minarenin tepesine bir toplu iğne dikecez görürsen seni evlendireceğiz der. Fadime teyze bakmaya başlar 1, 2, 3 dakika sonra Temel dayanamaz sorar.

Gördün mü Fadime teyze iğneyi? Kadın, ula iğneyü gördumda minare neredadur onu bulamiyrum.

ANNESİNDEN TEMEL'E MEKTUP

"Sevgili oğlum Temel... Senin hızlı okuyamadığını bildiğim için mektubu yavaş yavaş yazıyorum... Artık senin büyük şehre gittiğin sırada yaşadığımız evde yaşamıyoruz. Baban bir gazetede,
"İnsanların başına genellikle evlerinin iki kilometre civarındaki bölgelerde kaza geldiğini" okumuş; o yüzden taşındık...
Sana yeni adresi veremiyorum, çünkü yeni evimizde bizden önce oturan hemşehrilerimiz, taşınınca adresleri değişmesin diye kapı numarasını söküp götürmüşler...
Bu evde garip bir çamaşır makinesi var. Geçen gün içine dört gömlek koydum, çalıştırmak için duvardaki zinciri çektiğimden beri bir daha gömlekleri

göremedim.

Geçen hafta sadece iki kez yağmur yağdı. İlki üç gün, ikincisi ise dört gün sürdü...

Benden istediğin yeleği postaya verdim. Ancak, halan, 'o koca düğmelerle paket çok ağır olur' deyince düğmeleri kopartıp yeleğin cebine koyduk. Orada bulabilirsin...

Not: Sana biraz da para gönderecektim, ama zarfı bir kere yapıştırmış bulundum... Sevgiler... Annen"

GÖREY MİSUN?

Dursun Temel'e sorar

- Temel ormani görey misun, ne güzel. Temel cevap verir:

- Hani ula ağaçlardan göremeyrum

VERGİ

Bizim Temel uluslararası ekonomi toplantısına katılır... Devletin topladığı vergi dağılımını tartışırlar... Konuşmacılardan biri Amerikalı, biri Avrupalı, biri de Temel. Ortaya bir fikir atılır... Halktan toplanan vergilerin dağılımı nasıl yapılacak. Amerikan vatandaşı söz alır:

- Bizim Amerika'da önce yere bir çizgi çizeriz ve sonra topladığımız vergileri havaya atarız... Çizginin soluna düşen paraları halka hizmet olarak geri veririz, sağ tarafta kalan devlete kalır, yatırım yaparız...

Derken Avrupalı söz alır ve:

- Bizim Avrupa'da başka ama ona benzer bir uygulama yaparız... Önce yere bir daire çizeriz... Halktan toplanan vergileri havaya atarız. Dairenin dışında kalan halka hizmet olarak geri döner, dairenin içine düşenleri devlet harcamalarına kullanırız...

Sıra bizim Temel'e gelir ve başlar anlatmaya:

- Ula uşaklar ne güzel anlattunuz. Keşke bizda sizun çirkefluklerunuzi değil da habu çalışkanluğunuzi alsak... İnanun bizum öyle bir uygulamamız yok... Bizde daha kısa oluyi... Bi kere öyle yere çizgi çizmezuk... Bizde hükümet halktan toplar vergileri... Atar havaya. Yere düşenleri kendilerine harcama yaparlar... Havada kalanlar halka hizmet olarak geri döner...

İNATÇILIK ŞAMPİYONASI

Karadeniz sahilinde bir kahvede inatçılık şampiyonası düzenlenmiş. Üç müsabık ortaya çıkmış, başlarından geçen birer olayı anlatıp, kahve sakinlerinden şampiyonu seçmesini istemişler.

Birinci müsabık:

"Bir akşam işten eve döndüm, kapıyı çaldım, hanım 'kim o' dedi, kim olacak bu saatte, kapıyı başka kim çalar ki! Kızdım. Kapıyı ben çaldım, hanım ısrarla 'kim o' dedi. Bu sabaha kadar böyle devam etti. Sabah oldu ise gittim."

İkinci müsabık:

"Ağrıyan dişimi çektirmek için dişçiye gittim. Dişçi hangi dişin ağrıyor diye bana sordu. Madem koskocaman dişçi, ağrıyan dişimi o bulsun diye inat ettim. Dişçi bütün dişlerimi çekti. Sıra ağrıyan dişime gelince, yine ağrıyor demedim ve ağzımdaki bu tek diş inadımdan kaldı."

Üçüncü müsabık:

"Evlendiğim ilk gece hanım 'bana dokunma' dedi. Benim de inadım tuttu. Aradan 17 yıl geçti, hala dokunmadım."

Bu arada jüri başkanı

"Ama senin üç tane kocaman çocuğun var, nasıl olur?" diye sorunca:

"İnadımdan onların bile nasıl olduğunu sormadım."

MEDENİYETİN GÖZÜNÜ SEVEYİM

Temel ile Dursun Amerika'ya gezmeye gitmişler. Her gördüklerine bakıp ula medeniyetun közunı seveyim demiş Dursun. Şu gökdelene bak medeniyetin gözunı seveyim, şu heykele bak medeniyetin gözuni seveyim, şu kamyona bak medeniyetin gözunı seveyim adamlar yapmış da, demiş... Derken bataklıkta dolaşırlarken Dursun bataklığa düşmüş ve dev bir timsah ona doğru hızla yüzmeye başlamış Dursun yardım istemiş Temel'den. Temel de bağırarak "gözuni sevdumin medeniyeti, adamların cankurtaranı da LACOST, demiş.

DUYMASIN

Cemal ile Temel askerde beraber nöbet tutarlarken, komutanları bir bakmış
Cemal'in elinde bir mektup, okuyor.
- N'apıyorsunuz, demiş.
Temel:
- Sevculumden mektup celdi. Okuma yazma pilmem, Cemal okuyo pağa.
- Peki, Cemal'in kulaklarındaki pamuk ne?
Temel:
- Mektubu tuymasin diye....

TEMEL VE KARISI

Temel karısıyla yemek yiyormuş. Karısı güzel bir patates yemeği yapmış. Temel'de ne kadar sıcak olduğunu ilk başta fark etmemiş. Ağzını iyice doldurmuş, patateslerin ne kadar sıcak olduğunu fark edince ağzından çıkarıvermiş. Sonra karısına sormuş:

"Karıcığım, ben bunları ağzımdan çıkarsam ayıp olur mu? Çok sıcaktı da..."

Karısı:

"E sen zaten çıkarmışsın, daha ne soreysun?"

Temel'de demiş ki:

"Napim aşkım, ağzım doluyken konuşameyrum!"

KARADENİZ FIKRALARI

MOR GÖZ

Adamın biri onuncu kattan oda istemiş. Danışmadaki görevli 'o odada mor göz var.' demiş. Adam 'bir şey olmaz' demiş. Odasına çıkmış. Banyosunu yapıp televizyon karşısına geçmiş.
Bir ses duymuş 'beeeennnnn moooooorrrrrrrr ggggöööööööözzzzzz!'
Adam korkudan pencereden aşağı atlamış.
Bir süre sonra Temel gelmiş. Oda onuncu kattan oda istemiş. Danışmadaki görevli Temel'e de 'o odada mor göz var' demiş. Temel 'bana bişi olmaz' demiş. Temel de banyosunu yapıp televizyon karşısına geçmiş.
Biraz sonra bir ses duymuş. 'Beeeeeennnn mooooorrrrr gööööözzzzzz!'

Temel de 'gelirsem öteki gözünü de ben morartırım' demiş.

Yatmış uyumuş.

MÜCEVHER

Bir gün Temel sahile gider. Kumu kazar içine bütün mücevherlerini koyar ve geri kapatır. Üstüne de "Burada Temel'in mücevheri yoktur." yazar.

Dursun sahile iner ve yazıyı okur. Başlar orayı kazmaya, bir bakar Temel'in mücevherleri, alır. Üstüne de "Buradan Dursun bir şey almamıştur." yazar.

KOMUTAN

Komutanı Temel'e sormuş:
İslam'ın şartı kaçtır.
Temel 40'tur demiş. Komutanı Temel'e tokat atmış.
Temel'in ağzı, burnu kan için de kalmış.
Komutan:
"Yıkıl karşımdan" demiş. Temel dışarı çıkmış.
Dursun sormuş:
Ne bu halin?
Temel:
Komutan İslam'ın şartı kaçtır? Diye sordu demiş.
Bende 40'tur, dedum.
Dursun:
İslam'ın şartı hiç kırk olur mu? 5'tur. Demiş.
Temel:
Kırkı kabul etmeyen hiç 5'i kabul eder mi?

KAMERA

Komutan kendine en sadık eri seçmek ister. Askerlerini toplar onlara bir sır verir. Kim bu sırrı işkencelere rağmen söylemezse, o er 'en sadık er' olarak seçilecektir. Askerleri sıra ile odaya çağırırlar. İşkence uygulayıp komutanın sırrını söyletmeyi başarırlar fakat Temel'e bir türlü söyletemezler.

Komutan der ki; "İşte bu çok sadık bir asker, işkence odasına kamera koyun bakalım siz işkence yaptıktan sonra ne söylüyor."

Odaya kamera koyarlar.

Tekrar işkence yaparlar. Temel yine söylemez. Odadan çıkarlar. Komutan Temel'i kameradan izlemeye başlar. Temel odada kafasını duvara vurup; "Ulan neydi sır hatırlasana, ulan neydi sır hatırlasana..."

KARADENİZ

Temel bir gün Dursun'a:
- Ben Karadeniz'ü bitireceğüm demiş.
- Biteramasun, demiş.
Temel yüzmeye başlamış. Dursun:
- Temel Karadeniz'ün ortasuna celdün. Bi bu kadar daha yüzersan bitereceksin, demiş.
Temel:
- Ben yoruldim artik ceri döneceğim.
- Ben sağa demiş idum Karadeniz'ü biteremasun diye.

VİTES

Temel bir gün son model bir Mercedes araba ile Trabzon'a gelmiş, arkadaşları ile muhabbete başlamış. Konu arabalardan açılınca, Temel başlamış arabasını övmeye, Almanlar ne kadar zeki insanlar yahu, yaptıkları araba dört dörtlük. Şöyle iyi araba, böyle rahat araba, çok hızlı araba vs. neyse böyle konuşulurken iş iddiaya binmiş. Temel 'Ben arabamla Trabzon'dan Samsuna 4 saatte giderim' demiş. Arkadaşları 'gidemezsin' demişler. Temel hemen heyecanlanarak arabasına binmiş ve 'gideyim de görün uşaklar' demiş.

Arkadaşları 'iyi de biz senin oraya ne zaman vardığını nereden bileceğiz?' demişler.

Temel'de 'Samsun'a varınca telefon ederim.' demiş.

Oradan hemen biri atılmış 'İyi de Samsun'dan aradığını nereden bileceğiz. Sen git şu kişiyi bul oradan, o bizi arasın.' demiş.

Temel adresi alarak yola çıkmış ve 3,5 saatte Samsun'a varmış, sözü edilen kişiyi bulmuş ve Trabzon'a telefon etmişler.

Arkadaşları Temel'e 'oooo Temel iddiayı kazandın tamam hadi gel' demişler ve başlamışlar Temel'i beklemeye.

Aradan 5 saat geçmiş Temel yok. Gece olmuş. Temel yok.

Arkadaşları 'nerde kaldı bu yahu?' diye söylenerek

GÖZLÜK

Temel bir gün gözlükçüye gidip gözlük ister. Gözlükçü "Ne gözlüğü istiyorsun?" diye sorar.

Temel ben okuyup yazamıyorum der. Gözlükçü de "anladım sen yakın gözlük istiyorsun." der.

Temel bütün gözlükleri denemiş ama Temel gene okuyup yazamıyormuş. Sonunda gözlükçü de dayanamamış sormuş: "Sen okuma yazma bildiğinden emin misin?"

Temel de "Yoooo bilmek şart mı ki?" demiş.

HOT DOG

Bizim Temel ile Dursun iş için Almanya'ya gitmişler. Paraları da suyunu çekmiş. Temel aç ve perişan bir şekilde otelin penceresinden dürbünle bakıyormuş, uzakta bir yazı okumuş HOT DOG 50 PENIK. Bu nedir diye İngilizce sözlüğüne bakmışlar sıcak köpek. "Ula bu gâvur elinde it mi yiyecouk boşver." demişler. Daha sonra açlık iyice bastırınca yemeye karar vermişler. İkisi de gidip son paralarını verip almışlar hot dogları. Temel hemen açıp bakmış ve 'uy' deyip cebine sokmuş.

Dursun da aynı şekilde yemeden ilerlerken Temel dayanamayıp Dursun'a sormuş; "Bunca seneluk arkadaşuk, baa dori sole saa köpeun neresi denk geldu?"

TEMEL İLE ÖLÜM

Temel bir gün kendini öldürmeye karar vermiş. Sabah olunca tepedeki çam ağacına gitmiş, kendini asmaya çalışıyormuş.

Tarlada çalışan köylüler bunu görüp yanına gelmişler, "Temel niye kendini ağaca bacağından asıyorsun?" demişler.

Temel "Öbür türlü boğazdan nefes alamayrum daaa"

MUTURSİKLET GEZİSİ

Temel bir gün yeni bir motosiklet alır. Dursun ile beraber bir gezintiye çıkar. Oldukça gezerler. Hava kararır, tam o sırada önlerinde iki ışık görürler. Dursun, "Temel önumuzda iki motosiklet var" der ve Temel de "Ula Dursun az bekle ikisunun ortasundan geceum de havamuz olsun." Temel gaza basar tam iki ışığın ortasına gelince birden devrilirler. Dursun, "Ula Temel ne oldi?" Temel de, "Uşaum ortadaki lambaları yakmayı unitmiş."

FUTBOL

Temel ile Dursun iyice yaşlanmışlar, neyse Dursun ölüm döşeğine düşmüş. Temel, Dursun'a demiş ki; "La Dursun öbür dünyada futbol oynaniy mi oynanmiy mi bana haber et!" demiş, Dursun ölmüş. Aradan 6 ay geçmiş Dursun Temel'in rüyasına girmiş Temel'e demiş ki; "La Temel, sana bir iyi bir kötü haberim var. İyi olani öbür dünyada futbol oynaniyiy kötüsü ise haftaya maçımız var kalede de sensin..."

KARADENİZLİ YILANLAR

İki Karadenizli yılan, Karadeniz ormanlarında geziyorlarmış.

Biri diğerine sormuş:
- Ula piz zehirlu yılanmiyik da?
- Haçan nerden çiktü pu şimdu?
- Az önce dilimu isirdum da...

KOMUTANA KARŞILIK

Temel asker olmuş. Bir gün yemeğinden kum çıkmış. Komutana gidip "Yemeğimden kum çıktı." demiş. Komutan "Sen buraya yemek seçmeye mi geldin?" demiş.

Temel "İyi de biz buraya vatan toprağı yemeğe gelmedik" demiş.

YAĞMURLUK

Temel Alman ve Fransız otele gitmişler. Bunlar son kattaymış, otelde yangın çıkmış. Aşağıya inecek yer yokmuş Alman dolabını açmış şemsiyesini açmış camdan atlamış. Aynısını Fransız da yapmış. Bunlar kurtulmuş altta Temel'i bekliyorlarmış. Yere hızla düşen Temel'i görünce hemen Temel'in yanına koşmuşlar. Temel'e sormuşlar: "Ne oldu?" Temel de
"Şemsiye bulamadım onun yerine yağmurluk buldum." demiş.

SOĞUK ÇAY

Temel bir gün Dursun'a gitmiş.

Dursun'a "Soğuk çay var mı?" diye sormuş.

Dursun, 'yok' demiş. Temel de "İyi o zaman sıcak bir çay ver de içelim." demiş.

Temel ertesi gün Dursun'a yine gitmiş. Dursun merakından Temel gelmeden soğuk çay hazırlamış. Temel Dursun'a yine "Soğuk çay var mı?" diye sormuş.

Dursun 'var' demiş. Temel de "İyi o zaman ısıt da içelim." demiş.

UY PARALAR

Temel banka soymak suçundan yargılanıyormuş. Son celsede hâkim delil yetersizliğinden Temel'in tahliyesine karar vermiş.

Temel bunu duyunca çok sevinmiş ve bağırarak hâkime;

- Uy cözünü sevdiğumun hâcim beyi, yani şimdi bu paralar penim oldu değil mu.....?

VİTES

Temel birgün son model bir mercedes araba ile Trabzon'a gelmiş ve arkadaşları ile muhabbete başlamış;

Konu arabalardan açılınca, Temel başlamış arabasını övmeye, Almanlar ne kadar zeki insanlar yahu, yaptıkları araba dört dörtlük. Şöyle iyi araba, böyle rahat araba, çok hızlı araba vs. neyse böyle konuşulurken iş iddiaya binmiş ve Temel 'Ben arabamla Trabzon'dan Samsuna 4 saatte giderim' demiş. Arkadaşları gidemezsin demişler. Temel hemen heyecanlanarak arabasına binmiş ve 'gideyimde görün uşaklar' demiş.

Arkadaşları 'iyide biz senin oraya ne zaman vardığını nereden bileceğiz demişler.'

Temel'de 'Samsun'a varınca telefon ederim.' demiş. Ordan hemen biri atılmış ve 'iyide Samsun'dan aradığını nereden bileceğiz. Sen git şu kişiyi bul ordan, o bizi arasın.' demiş.

Temel adresi alarak yola çıkmış ve 3,5 saatte Samsun'a varmış, sözü edilen kişiyi bulmuş ve Trabzon'a telefon etmişler.

Arkadaşları Temel'e 'oooo Temel iddiayı kazandın tamam hadi gel' demişler ve başlamışlar Temel'i beklemeye.

Aradan 5 saat geçmiş Temel yok. gece olmuş Temel yok.

Arkadaşları 'nerde kaldı bu yahu' diyerek evlerine gitmişler. Sabah erkenden herkes birbirine 'Temel geldimi? ' diye sormuş ama kimseden cevap yok. O gün de Temel efendi Trabzon'a teşrif etmemiş. Ertesi gün sabah yine yok, öğleden sonra çıkmış gelmiş!.

Arkadaşları Temel'e hemen 'yahu Temel Samsun'a 3,5 saatte gittin 3 günde ancak döndün, ne oldu uşağım' demişler

Temel de ' Sormayın be arkadaşlar bu Alman'lar ne gerizekalı bir millet' demiş.

Arkadaşları ' Ne oldu Temel' demişler
Temel ' Şu güzelim arabayı yapmışlar, 5 tane ileri vites koymuşlar ama 1 tane geri vitesi koymuşlar' demiş.

MAKİNİST

Temel'in kol saati durmuş. İçini açmış, içinden ölü bir karınca çıkmış.
Temel: Uyyy! Zaten ben tahmin etmiştim, makinistin öldüğünü.

VERDİM AMA

Bizim Temel, bir tv kanalında yarışmaya katılır. Kazandığı parayı eksik verirler.

Temel sebebini sorar.

"E, öyle vergi kesiyoruz" cevabını alır.

Bunun üzerine Temel, avukata başvurur. Avukat ona 'televizyonu mahkemeye ver.' der.

Aradan zaman geçer avukat yolda Temel'i görür, ona sorar.

Televizyonu mahkemeye verdin mi?

Temel cevaplar.

Verdim ama ertesi cün geri getirdim oni... İnsan yine de televizyonsuz yapamayi, sonradan geri aldım onu.

TEMEL İLE AZRAİL

Azrail Temel'in yanına gelir ve kardeş vaktin tamam hadi gidelim der.

Temel de uyanık ya, yalvarır bana 5 yıl süre ver ondan sonra gel al canımı. Azrail tamam der. Temel de kendi kendine pilot olursam beni havada yakalayamaz derken, 5 yıl sonunda Azrail pilot Temel'in yanına gelir ve 'vakit doldu gidelim' der.

Temel de 'Şimdi canımı alırsan arkada 300 yolcu var. Onlar ne olacak' der.

Azrail:

"Oğlum hepinizi bir araya getirene kadar anam ağladı zaten."

TEMEL'İN VASİYETİ

Yolculuktan dönen İdris, kahvede oturanlara sordu:
- Yahu pizum Temel nasil öldi?
- Kalpten cittu, dediler.
- Vasiyetu filan var miydu?
- Var idu. "Beni denize gömün" demiş idu.
- Cömdünüz mü?
- Cömdük amma, mezarinu kazarken çok kayip verduk...

ASTRONOT

3 astronot uzaya gidecek. Bunlardan biri Alman, biri İngiliz, biri de bizim Temel. Bunlar yıllarca gelmeyecekleri için en önemli ihtiyaçlarını sorarlar.

Alman 'bana sarışın, esmer, kumral hatun.' der. İngiliz 'bana bol bol içki,' der. Bizim Temel 'baaa bol bol cigara' der. Neyse istekler temin edilip uzaya fırlatılıyorlar. 3 astronot aradan yıllar geçiyor geri dönüyorlar. Tabi aileler merakla bekliyor. Önce Alman iniyor, dalyan gibi Alman olmuş iğne iplik. Sonra İngiliz iniyor, adam zil zurna sarhoş. Sıra Temel'e geliyor. Temel kapıda görünür görünmez bir fırlıyor ağzında sigarayla:

"Allah'ını seven baaa ateş versuuun"

TEMEL'İN AKLI

Azrail Temel'in canını almak için gelir. Temel ise Azrail'den kurtulmak için hemen bir çare bulur.

İşaret parmağını ağzına sokar ve "aguk guguk" sesleri çıkartarak bebek taklidi yapar.

Azrail durumu anlayıp Temel'in oyununu bozmak istemez ve gider.

Azrail ertesi gün Temel'i almak için geldiğinde Temel'in kendisine bir emzik bile aldığını ve yerlerde emeklediğini görür ve Temel'e seslenir:

- Temel, gel attaaaa gideceğiz...

KARADENİZ FIKRALARI

TRABZON'A GİTMEZ

Temel uçakla Trabzon'a gidecekmiş. Rastgele bir yere oturmuş. Asıl yer sahibi gelmiş;

Yer sahibi: Beyefendi burası benim yerim kalkar mısınız?

Temel: Hayır.

Yer sahibi: Beyefendi burası benim yerim, lütfen kalkın.

Temel: Hayır.

Yer sahibi gider hostese başvurur.

Hostes: Beyefendi burası sizin yeriniz değil, kalkar mısınız lütfen.

Temel: Kalkmam.

Hostes çare bulamayınca kaptana başvurur. Kaptan, Temel'in kulağına bir şey fısıldar ve Temel

geçer arka tarafa oturur. Herkes hayret etmiş biz bu kadar uğraştık kalkmadı acaba kaptan nasıl kaldırdı bunu. Dayanamayıp sormuşlar kaptana:
Kaptan: Dedim ki burası Trabzon'a gitmez.

DÖNMEK

Bir gün Temel arabayla bir yerde dönüp duruyormuş. Dursun bağırarak sormuş;
"Temel sürekli neden döneyusun ula?"
Temel, "Sinyal takıldı ondan döneyrum."

CEP TELEFONU

Temel otobüste cep telefonuyla konuşuyormuş, yolcular uyarmış:
- Otobüste cep telefonuyla konuşmak yasaktır!
Temel telefonun öbür ucundaki arkadaşını uyarır:
- Ula Cemal, otobüsün içinde konuşmam yasakmış, sen konuş ben tinleyrum!

KATİL İDRİS

Temelle İdris meyhaneye girdiler. Rakılar geldi...
Yarım saat sonra İdris sordu:
- Söyle pakayum, bir bir daha ne eder?
- İçi dedi, Temel.
İdris silahını çekip Temeli vurdu.
Karakolda komiser gürledi:
- Arkadaşını neden öldürdün?
İdris içini çekti:
- Çok şey pileydu!

TEMEL VE ÇOBAN

Bir gün dağda gariban bir çoban zengin ağasının yüzlerce koyununu otlatırken yanına Temel yaklaşmış.
Temel:
- Hey hemşerim kolay gelsin. Sana burada kaç koyun olduğunu söylersem bana bir koyun verir misin?
Gariban çoban biraz düşünmüş ve aklından; "Ulan ben bile burada kaç koyun olduğunu bazen şaşırıyorum bu adam nerden bilecek demiş."
Çoban:
- Tamam, bilirsen al bir tane koyunu götür.
Temel:
- Tam 548 koyun var. Çoban:
- Hemşerim doğru bildin. Bir koyunu al götür.
Temel gitmiş koyunların arasına dalmış ve en irisini

sırtlamış götürürken çoban seslenmiş.
Çoban:
- Hey...! Dur bakalım ben de senin nereli olduğunu bilirsem koyunu geri bırakacak mısın? Temel kabul edince çoban:
- Sen Trabzonlusun.
- Peki, nereden anladın?
- 548 tane koyun içinden davar köpeğini sırtlayıp götüren Trabzonludan başkası olmaz da ondan.

OTOBÜS

Bir gün Temel ile Dursun otobüse bindiler. Dursun üst kata çıktı. İndi.
Temel üst katın şöförü yok, dedi.

ASANSÖR

Temel asansöre binmiş, başlamış beklemeye bir müddet sonra Dursun girmiş asansöre, bakmış Temel bekliyor o da beklemiş.

Bu arada biri daha binmiş ve neden beklediklerini sormuş.

Temel hemen cevap vermiş:

- "Uşağum görmey misun ha burda 4 kişiliktir yazayı."

CUMHURBAŞKANI

Temel berberde saçını kestirirken, Ankara'ya gidip Cumhurbaşkanını göreceğini söylemiş.

Berber de her isteyenin Cumhurbaşkanını göremeyeceğini söylemiş.

Temel bir daha geldiğinde berber sormuş:
- Ne oldu gördün mü Cumhurbaşkanını?
- Cördüm
- Ne dedi?
- Saçunu bu kadar köti kesen berber kim, dedi.

İSİM DEĞİŞTİRME

Temel ismini değiştirmek için mahkemeye başvurmuş.

Hâkim demiş ki:

"Ne var oğlum niye ismini değiştirmek istiyorsun? Hem senin ismin ne bakalım?"

Temel cevap vermiş:

"Temel Kıç."

Hâkim:

"Tamam, o zaman değiştirmekte haklısın, yeni ismin ne olsun istiyorsun?"

Temel:

"Dursun Kıç olsun." demiş.

YENİ GELDİM

Temel apartmanın ikinci katından düşmüş.
Arkadaşları hemen gelip sormuşlar:
"Ne oldu lan Temel" demişler.
Temel de:
"Vallaha ben de yeni geldim." demiş.

TEMEL'İN 4 KARISI

Temel birbirinden habersiz dört karıyla evleniyor günün birinde kadınların birbirlerinden haberi oluyor birleşip Temel'e ceza vermek istiyorlar. Bir evde toplanıyorlar Temel geliyor dördü birden saldırıp Temel'i bir güzel dövüyorlar.

Biri bir kolundan, diğeri bir kolundan, biri bir bacağından, diğeri bir bacağından tutup kendinden geçmiş Temel'i kapıya atmak için merdivenden sürükleyerek indirirken bizim Temel 'ah kafam ah kafam' diye sızlanmaya başlamış.

'Ahhh!' demiş 'ne vardı dört karı alacak.'

"Keşke beş tane alsaydım da o da kafamı tutsaydı."

ULA EKMEK VAR MİDUR?

Temel eczaneye girmiş, eczacıya:
- Ula ekmek var midur? Demiş. Temel:
- Yoktur.
- Ula ekmek var midur?
- Yoktur.

Eczacı kızmış. Temel'e "Eğer bir daha ekmek derseniz sizi kulaklarınızdan çivilerim."

Temel:
- Ula çivi var midur? Demiş.
- Yoktur.
- Ula ekmek var midur?

TÜRK İŞİ

Bir Karadenizli, bir Kayserili ve bir Diyarbakırlı aynı trafik kazasında ölmüş. Cenazeleri dualarla, gözyaşlarıyla kaldırılmış.

İki, üç gün geçmiş, bir de bakmışlar ki Karadenizli, çıkmış mezardan, üstünü silkeleyerek geliyor. Önce büyük bir panik yaşanmış haliyle, sonra bakmışlar, zombi mombi değil, bayağı kanlı canlı, cesaret edip yanına yaklaşıp merakla sormuşlar:

- Yahu sen öteki dünyadan nasıl geri döndün?

Anlatmış:

- Öte tarafta da işler buradaki gibi yürüyormuş meğer rüşvet, haksızlık, yolsuzluk...

Geri göndermek için 5 bin dolar istediler, bastım parayı geri geldim.

- Eee, diğer iki arkadaş niye gelmedi?

Vallahi ben gelirken, Kayserili hâlâ '3.500 dolara olmaz mı, yap bir indirim de ayağımız alışsın!' diye pazarlık ediyordu.

- Ya Diyarbakırlı?
- O da 'Ben vermem, Devlet versin!' diye inat ediyordu.

SİNYAL

Bir gün Temel ile Dursun arabayla geziyorlarmış.

Temel, Dursun'a "Bir bak bakayrum arabanın sinyallaru çalişiymu?"

Dursun bakmış ve şöyle demiş. "Bir çalişayi bir çalişmayi bir çalişayi bir çalişmayi."

PARAŞÜT

Temel paraşüt satıyormuş. Bir müşteri gelmiş;
"Beyefendi bu paraşütle 40.000 fitten atladık diyelim."
Temel: Eeee...
Müşteri: Açılmazsa ne olacak?
Temel: 1. düğmeye bas açılır.
Müşteri: Ya açılmazsa?
Temel: 2. düğmeye bas açılır.
Müşteri: Ya açılmazsa?
Temel: Kardeşim 3. düğmeye bas kesin açılır.
Müşteri: Tamam beyefendi 3. düğmede açılmadı, ne olacak?
Temel: Eeee, amma uzattın getir, değiştiririz.

TUVALET KAĞIDI

Fadime ile Temel Büyükada da dolaşıyorlarmış.
Bir martı Temel'in kafasına pislemiş.
Fadime:
- Temel git şu tuvaletten tuvalet kâğıdı al.
Temel:
- Gerek yoktur kuş çoktan uçup gittu.

YARIŞMA

Temel, Dursun, Cemal suyun altında en çok kalma yarışması yapıyorlarmış. Dursun 15 dakika, Cemal 10 dakika durmuş çıkmışlar. 10 saat olmuş 20 saat olmuş Temel in cesedi karaya vurmuş. Daha sonra Fadime'ye baş sağlığı dilemişler.

"Üzülme" diye teselli etmek istemişler.

Fadime:

"Önemli değil yarışı kazandı ya önemli olan o." demiş.

TREN

Temel bir gün tren kullanırken treni devirmiş, 400 kişi ölmüş.

Amiri sormuş; "Oğlum nasıl oldu?"

Temel "Tren rayina bir adam çikti, onun yüzünden oldu." demiş.

Amiri "Oğlum ezseydin o adamı da 400 kişi ölmeseydi." demiş.

Temel de "Ben de öyle düşündüm, adam raydan çikinca onu ezmeye çalişurken tren devruldi." demiş.

ALKOL KONTROLÜ

Trafik memurları bir gün, trafik kontrolü yapıyorlarmış. Karşıdan gelen Temel ile Fadime'yi gören komiser hemen arabayı durdurmuş. İkisinde de emniyet kemeri takılmış görünce:

- Ya beyefendi bu gün yaptığımız kontrolde tek emniyet kemerini takan çift sizsiniz, bu yüzden size 500 milyon ödül veriyoruz der. "Ama merak ettik bu parayla ne yapacaksınız." Temel sevinçle:

"Ne yapacağım hemen gidip kendime bir ehliyet alacağım" der.

Komiser şaşkın:

"Ne ehliyetiniz yok mu?" der. Fadime olayı toparlamak için, "Kusura bakmayın memur bey, Temel içince ne dediğini bilmez."

Komiser daha da şaşkınlıkla
"Ne bir de içkili misiniz?" diye haykırır.
Arkadan yaşlı adam öne atılır:
"Ben demiş idum çalıntı arabayla yola çıkmayalum başumuza bi iş gelir diye.
Komiser neye uğradığını şaşırmışken, bagajdan atlayan İdris de koşa koşa gelerek:
"Ne oldi geçtuk mi sınırı" der.

CEHENNEM

Temel ölmüş, cehenneme gitmiş, sille tokat karşılamışlar.
- Poyle yaparsanuz sonra hiç cimse çelmez, demiş.

KASAPTAKİ COCA COLA

Karadeniz'de balık nesli tükenmeye başlayınca iki balıkçı kasaplık yapmaya karar verirler. Bir dükkân kiralayıp, bu mesleği bilen birisine dayatıp döşettirirler. Ertesi sabah Bismillah deyip satışa başlayacaklar ama ikisi de kasaplıktan bihaber.

"Bu gece el ayak ortalıktan çekilince dükkâna gidip birimiz müşteri gibi yapar, öbürü ona hizmet verir, böylece biraz alıştırma yaparak yarına hazırlanırız" derler. Biri tezgâhın arkasına geçer, diğeri kapıdan içeri girer.

- Selamün aleyküm hemşerim. İki şişe Coca Cola rica edeyrum...

Tezgâhın arkasındaki sinirlenir.

- Şimdi siçtun bir çuval incire. Sen geç şu tezgâhın

ardına, ben sana müşteri nasıl olur göstereyim. Yer değişirler...
- Selamün aleykum kasap efendu.
- Aleyküm selam bey kardeşim.
- İki kilo pirzola ile yarım yağlı 3 kilo kuşbaşı dana eti isteyrum.
- Hayhay efendum. Boş şişeleri ceturdunuz mi?

RİZE

Temel kitapçıya gider ve sorar:
- Haçan, Rize'nun küresi pulunur mu?

AMERİKA

Temel Boğaz'da tekneyle turist gezdiriyor bir gün bir Amerikalıyı alıyor başlıyorlar gezmeye... Amerikalı bir saray görüyor.
- Bu ne kadar zamanda yapılmış, diyor.
Temel:
- 5 yılda, diye cevap veriyor...
Amerikalı:
- Yazık bizde olsa 1 yılda yapılırdı.
Biraz sonra bir cami görüyor.
- Bu ne kadar zamanda yapılmış, diye soruyor...
Temel:
- 2 yıl, diye cevap veriyor.
Amerikalı:
- Yazık be, bizde olsa 3 ayda biterdi, diyor.

Temel uyuz oluyor duruma...

Biraz sonra bir tarihi yapı daha görüyorlar. Gene soruyor Amerikalı...

Temel:

2 ay, diyor.

Amerikalı yine:

- Yazık be bizde olsa 1 haftada biterdi, diyor.

Temel iyice kıllanıyor. Tam o sırada Boğaz Köprüsü'nün altına geliyorlar...

Amerikalı yukarıyı göstererek:

- Bu köprü ne kadar zamanda yapıldı, diyor.

Temel şaşkın bakışlarla kafayı kaldırıp:

- Hangisi? Bu mu? Bu, dün burada yoktu daa...

MERAK BU YA

Temel, üç kişiyi öldürme suçundan mahkemeye çıkmış. Hâkimin sorusu üzerine suçunu da kabul etmiş:

- Vurdum onları!

Ardından "Hâkim Bey" demiş:

- Ama avukatımı istiyorum.
- Bu durumda avukatın ne diyecek ki?
- Vallahi, ben de ne diyeceğini merak ettiğim için istiyorum ya!

TUZ RUHU

Temel'in ineği hastalanmış. Komşusu Cemal'e gitmiş.
- Ula ineğun hastalanduğunda ne vermiştun?
- Tuz ruhi...
- Eyi...
Temel ertesi gün koşa koşa geri dönmüş...
- Ula ineğum öldi...
- O zaman benimki de ölmüşti...

MISIRLILAR VE TEMEL

Mısırlılar kendi aralarında konuşuyorlarmış.

"Bu Karadenizlileri bütün dünya konuşuyor. Biz de bir şeyler yapsak da tüm dünya bizi konuşsa" demişler.

Kimi "Çöle ağaç ekelim", kimi "çöle havuz yapalım" biri de "çöle boğaz köprüsü yapalım" demiş.

"Hadi be, öyle şey mi olur, saçmalık" demişler.

"Tamam, bizde saçmalık aramıyor muyuz?" diyerek başlamışlar boğaz köprüsü yapmaya. 7 ayda bitirmişler. Açılışa bütün dünya gazetecilerini çağırmışlar.

Açılış için kurdeleyi kesmişler, tam bezi indirecekler, bir bakmışlar ki bizim Temel köprüde balık avlamaya uğraşıyor.

Herkes şaşkın bakışlarla:

"Sen ne yapıyorsun, burada balık mı olur?"
Temel de:
- "Ula kardeşum, ha pu çölde poğaz çöprüsü oli da balik olmayi mi?.."

ECZANE

Karadenizlinin eczanesine eli silahlı, yüzü kadın çoraplı iki soyguncu girmiş ve ellerindeki silahı doğrultup:
- Çabuk kasadaki her şeyi ver!
- Özür dilerim, reçetesiz hiçbir şey vermiyoruz.

TEMEL VE FARE

Bir bilim adamı olan Temel'in fareler üzerinde yaptığı deney Temel'in kayıt cihazına aldığı notlardan alıntılar.

1. gün: Fare uzun süre lâbirentin içinde dolandı ama peyniri bulamadı. İçgüdüleri zayıf.

3. gün: Negatif. Sadece lâbirenti değil, odanın hemen her yerini aradı; tüm dolapları, çekmeceleri, kavanozları karıştırdı. Hatta bir tablonun arkasına ve ceplerime bile baktı. Bu fare tam bir salak.

7. gün: En ufak bir ilerleme yok. Artık arama isteğini bile kaybetti, telefonla köşedeki büfeden iki karışık tost, bir ayran istemiş. Zekâdan böylesine yoksun oluşu deneylerimde yol almamı önlüyor.

18. gün: Zamanla becerilerini geliştirmesi lazımdı,

ama sıfır! Bursa'dan aradı, "kaygılanmamamı, peyniri bulacağını." söyledi. Ona gittikçe peynirden uzaklaştığını anlatmaya çalıştım, ama dinlemedi. Ciddi zekâ problemi!

74. gün: Umutsuzluğa kapılıyorum; fare, henüz bir zekâ belirtisi gösteremedi. En son Tibet'ten aradı, hayatın anlamı gibisinden bir şey bulduğunu söyledi. Ama peyniri bulamamış ve artık umurunda da değilmiş.

Aptal hayvan! Hayallerimden ve kariyerimden geriye küflü peynirler kaldı.

93. gün: Labirentin içine koymayı unuttuğum için farenin peyniri bulamadığını fark ettim...

VURDUK ONİ

- Babam öldi, demiş Temel.

İlyas sormuş:

- Neden öldi?
- Apartmanın sekizinci katinin balkonundan düşti.
- Eyvah parçalandi mi?
- Yok, girişteki bakkalın tentesine düşünce oradan havalanıp karşi apartmana yöneldi.
- Apartmana mı çarpti, nasil oldu?
- Yok, karşi apartmanın balkonunda çamaşırlar asili idi. Çamaşır ipine vurup fabrikanin bahçesine düştü.
- Orada mi öldü?
- Yok, fabrika çelik yay fabrikası, bahçedeki yayların üzerine düşüp havalandi yeniden...

- Peki sonra?
- Sonrası ne? Baktik ki yere inmiyor, biz de vurduk oni.

LEYLA İLE MECNUN

Temel, Fadime'yle tiyatro gişesine gitmiş:
- Pize içi pilet lütfen.
- Leyla ile Mecnun için mi?
- Hayir Fadime'yle penum için.

BORÇ

Temel ile Dursun borç para yüzünden mahkemelik olmuşlar.

Hâkim, Temele sormuş:

- Oğlum, nedir konu anlat bakalım!

- Haçum Bey, demiş Temel. Pen ha bu Tursun'a geçen sene 100 lira verdum, penim paramu bi türlü vermez da.

Hâkim Dursun'a dönmüş:

- Oğlum, sen ne diyorsun bu iddiaya?

- Kim? Demiş, Dursun. Ha o adammu bağa para vermuş? Valla pen oni tanımayrum bile, Haçum Bey.

Bunu duyan Temel iyice şaşırmıştır. Dursun'a dönerek:

-Tursun, ha sen şimcuk peni tanımay musun?

-Iıh, diye baş sallar, Dursun.

-Haçan, sen peni tanımaysan, pen seni hiç tanımayrum da.

BEKLENTİ

Temel'e hani sen güzel bir dulla evlenecektin, ne oldu, diye sorarlar:

Cevap verir:

- Kocasinin ölmesinu pekliyrum.

3 AYAKLI TAVUKLAR

Almanya'dan dönen Temel'i amcaoğlu havaalanında karşılamış. Arabayla köyün yolunu tutmuşlar. Köy yoluna girdiklerinde saate 100 km. ile seyreden arabanın sol yanından nerdeyse 150 km. hızla bir tavuk bunları sollamış.

Az daha gitmişler bu kez sağ yanlarından bir tavuk bunları saatte 160 km. ile sağlamış. Temel merak etmiş.

- La amcaoğli, ha punlar nedur böyle da...
- Ha bunlari piz yetiştirduk... Ha punlar 3 ayakli tavuklardir da.
- Yapma ya. Ha piz punlari satalum... Almanya'da iyi para verurlar... Peçi punlarin lezzetu nasildur?
- Ha pen ne pileyum da... Hiç tutamadik ki...

ACIYIN

Temel annesini ve babasını öldürmüş. Son celse karar verilecek hâkim Temel'e sorar
- Son bir diyeceğin var mı?
Temel:
- Acıyın bu yetime!..

BEYİN

Dünyadaki bütün bilim adamları insanın beyni olmayınca ne tepki vereceğini inceleyeceklermiş bunun için Venedik'teki bir kayıkçıyı kullanacaklarmış oralarda kayıkçılar kürek çekerken eskalamiya diyorlarmış.

İlk önce kayıkçının beyninin yarısını almışlar kayıkçı 'miya' demeye başlamış.

Sonra yarısını daha almışlar adam 'ya' demeye başlamış.

En sonunda beyninin hepsini almışlar. Adam başlamış: Çay elinden öteye gidelum yale yale...

KAYNANA

Temel köyde kahve önünde otururken arkadaşı kan, ter içinde gelir ve Temel'e,
"Ha burda niye oturiysun koş kaynanani kurtar, çamasir yikarken dereye düsti, suya kapildi."
Temel dere kenarına koşar ve yukarı doğru koşmaya başlar.
Arkadaşı:
"Yahu dere asağiya akay sen yukari koşaysin."
Temel cevap verir.
"Sen bilmezsun benum kaynanam ne aksi karidur."

BALIK AVI

Temel Kuzey Kutbuna gider. Buzda balık avlamanın çok popüler olduğunu duyar, hemen kendine bir olta alır ve bulduğu ilk geniş buzlu alanda işe girişir.

Tam buzu kırmaya çalışırken gümbür gümbür bir ses duyar:

"Orada balık bulamazsın!"

Ne olduğunu anlamayarak etrafına bakınır ama sesin nereden geldiğini çözemez.

Biraz ileriye gidip tekrar buzu kırmaya çalışırken aynı ses yine duyulur:

"Sana söyledim geri zekâlı, orada balık bulamazsın!"

Temel korku içinde başını yukarı kaldırır ve dehşet içinde sorar:

"Tanrım? Sen misin?"

Aynı ses cevap verir:
"Hayır, ben buz hokey sahasının bekçisiyim."

NE İÇİN ÇALIŞIYORLAR?

Temel Almanya'da çalışıyormuş. Bir gün Alman arkadaşı Temel'e:
- Siz Türkler sadece para için çalışıyorsunuz ama biz Almanlar onurumuz için çalışırız, demiş.
Temel:
- Haklısın herkes neyi eksikse onun için çalışır.

ÜÇ DİL

Temel ile Dursun'un trafik polisi olduğu bir noktada yabancı plakalı bir araba durur. İçinden bir çift inip bunlara doğru yaklaşır. Adam, İngilizce bir adres sorar ama bizimkiler dillerini yutmuş gibi ağızlarını açmaz.

Yabancı kadın:

- Dur kocacığım! Der eşine. Belki İngilizce bilmiyorlardır. Ben bir de Almanca deneyeyim.

Ama bu deneme de bir sonuç vermez. Bizim uşaklar tek bir kelime anlamadıklarından öyle bön, bön bakarlar.

Adam, ben yarı buçuk Fransızca biliyorum diyerek bir de bu dili denerler ama yine nafile.

Bir netice alamayan çift oradan uzaklaşırken, Dursun:

- Uşağum, artık yapancı dil öğrenmenin zamanu geldu, diğil mu? Diye sorar arkadaşına.

Temel, kendilerinden iyice uzaklaşan arabanın ardından bakarken:

- Uuy, onlar üç dil pileydu, neye yaradu da, der.

ŞEREFSİZİM

Temel anlatıyor:

Adi herifler, üç kişi üstüme, üstüme geldiler, ya paranı, ya namusunu dediler, beş kuruş verdiysem şerefsizim.

İNGİLİZCE

Temel, İngiltere'ye gidecekti. Onun için bir arkadaşından İngilizce hakkında bilgi istemişti.

Arkadaşı Türkçe kelimelerin son hecesinin uzatılması seklinde Temel'e bilgi verdi. Temel uçağa bindi ve on dakika sonra hostesi çağırmak için, Hosteeees. O da ne hostes gelmişti. Temel İngilizceyi sökmeye başladığını düşünüyordu. Havaalanından çıktı...

Taksiiiii Vay be taksi de durmuştu.

Temel ağır, ağır kendini kaptırdı...

Hoteeeeeeel Otele gitti. Odasına çıktı, duş aldıktan sonra bara indi...

Viskiiiii. Daha sonra Londra sokaklarında dolaşmaya başladı. Parkta bir adam gördü:

- Merhabaaaaa, nasılsınııııız?
- İyiyiiiiim, sağoooooool.
- Türk müsünüüüüz?
- Eveeeeet.
- Kardeşim, Türksün de neden iki saattir İngilizce konuşuyorsun?

KARADENİZLİNİN BİRİ

Karadenizlinin biri yerde yüklü bir senet bulmuş. Ödeyemeyeceğine kanaat getirince ülkeyi terk etmiş.

OHHH BEEE

Temel, bir gün Afrika'ya gider. Hazır gitmişken bir de deveye bineyim öyle döneyim der.

Neyse deve kiralayan bir yer bulur ve sahibine nasıl sürüldüğünü sorar,

- Oh diyince gider. Ohhhh Ohhh! Diyince koştura koştura gitmeye başlar.

Temel sorar:

- Eeee, nasıl duracağım?
- Âmin, diyince de durur.

Neyse bizim adam biner deveye, "oh" der, başlar yavaş yavaş gitmeye.

Neyse, bir süre sonra sıkılır ve

"Ohhhh Ohhhh!" der. Bu sefer deve de koşturmaya başlar.

Temel çok keyiflidir.

Bir yandan koştura, koştura giderken bir yandan da çevreyi seyretmektedir.

Tam bu sırada bir bakar karşısında bir uçurum. Ne yapacağını şaşırır.

Heyecandan ne söyleyeceğini unutur.

Neyse der "bari bir son dua okuyayım" ve başlar okumaya.

Duasını bitirince "Âmin" der ve deve zınk diye durur uçurumun kenarında.

Bizim Temel kurtulmanın verdiği rahatlıkla derin bir nefes alır:

- OHHH BEEE!

5 KİŞİYİZ

Depodan silah aktarımı yapılırken komutan bağırır:

"Asker, o büyük paketleri aktarırken bilakis dikkatli olun. Yoksa geçen hafta arkadaşlarınızın başına gelen felaketi siz de yaşarsınız."

"Ne olmuştu ki, komutanım?" diye asker Temel bilmek ister.

"O bombalardan biri patlayınca on iki arkadaşı şehit verdik, asker!"

Temel:

"Merak etmeyin siz, Komutanım!" der.

"Öyle bir şey bize olamaz, haçan biz beş kişiyiz, da."

İŞ BAŞVURUSU

Temel, bilişim sektöründe çalışan bir firmaya iş başvurusu yapmış. Firma yetkilileri önce bir bilgi testinden geçmesi gerektiğini söylemişler ve ilk soruyu sormuşlar:
- İnternet ne demektir?
Temel düşünmüş, taşınmış ve:
- İşe ciremedum temektur...

PİJAMA

Temel komşusuna misafirliğe gider. Temel oradayken çok şiddetli bir yağmur başlar.

Komşusu:

"Temelciğim sen bizde kal yağmur çok yağıyor." der.

Temel "Tamam" der.

5 dakika sonra Temel komşusunda yoktur.

Zil çalar, Temel içeri girer. Sırılsıklamdır.

Komşusu:

"Uyyy. Temel, neredeydin" der.

Temel:

"Evden pijamalarımı almaya gittim"

BURALI DEĞİLUM

Adamın biri zilzurna içkiliymiş. Yolda yalpalaya yalpalaya ilerlerken yanından geçen Temel'e demiş ki:
- Kardeş şu yukarıdaki güneş mi, ay mı?
Temel:
- Bilmiyrum kardeşum ben buralı değilum.

TİTANİK

Amerika'da zencinin biri pasaportunu kaybetmiş, aksilik ya, o gün de Türkiye'ye uçacak.

Kara kara düşünürken yolda bir pasaport bulmasın mı! Hemen almış yerden, bir bakmış ki Leonardo di Caprio'nun pasaportu.

"Ne olursa olsun" demiş ve şansını denemeye karar vermiş, çıkarmış Leonardo'nun fotoğrafını, kendi fotoğrafını yapıştırmış. Uçmuş Türkiye'ye.

Atatürk Havalimanında görevli gümrük memuru Temel'in karşısına geçmiş.

Temel almış pasaportu, adamın ismine bakmış:

"Leonardo di Caprio" fotoğrafa bakmış bir zenci, adama bakmış aynı zenci.

Bir kaç şaşkın bakıştan sonra öbür masaya

seslenmiş; "Ula Cemal, bu Titanik batmış mıydı, yanmış mıydı?"

GELİRSEM ORAYA

Evde otururken çatıdan ses gelmiş. Temel bağırmış:
"Kim var orada?"
Cevap gelmiş
"Jean Claude Van Damme."
Temel'in cevabi gecikmemiş:
"Gelirsem oraya dördünüzü de döverim haa!!?

FERRARİ

Temel bir gün araba almaya karar vermiş. Gitmiş bir galeriye...

Kapının önünde son model bir kırmızı Ferrari. Galerici hemen Temel'in yanına yaklaşmış.

"Efendim bu araba en son modelimiz. Çelik jant, üstü açılır tavan, otomatik vites. Buradan bir çıkın Van'a 5 saatte varırsınız." demiş.

Temel:

- Hadi yaa... O zaman ben akşam düşüneyim cevabımı yarın gelir söylerim, der.

Ertesi gün gelir. "Ben bu arabayı almaktan vazgeçtim." der.

Galerici:

- Neden efendim? Bu fırsat kaçar mı? Bu araba

modellerinin en iyisi, der.

Temel: "Tamam anladım kardeşim de; ben bu arabayı aldıktan sonra Van'da naapcam?" demiş...

VERDİNİZ Mİ

Temel araba kullanırken kırmızı ışıkta geçmiş. Tabii bunu gören polis Temel'i durdurmuş.
- Ehliyet ve ruhsat beyefendi.
- Verdunuzda mi isteysunuz?

SAHTE DOLAR

Marketin birine bir turist gelmiş bir şeyler almış, sonra Türk Lirası çıkaramamış, dolar uzatmış kasadaki adama. Adam para sahte mi değil mi diye kuşkuya düşmüş. Paranın orasına, burasına bakmış. Evirmiş, çevirmiş anlayamamış sahte olup olmadığını.

Bakmış böyle olmayacak parayı sırada bekleyen Temel'e uzatmış.

"Bir de sen bak hele." demiş.

Temel paranın bir altına, bir üstüne bakmış sonra masanın üstüne atmış ve 'bu para sahte' demiş. Herkes şaşırmış, nasıl anladın bu kadar çabuk demişler. Temel de:

"Bunun üstünde Atatürk yok." demiş.

ÖRGÜ

Hızlı, hızlı örgü örmekte olan Fadime'yi gören Temel:
- Ula Fadime ne kadar hızlı örgü örüyorsun öyle, demiş.
- Hızla örgü örmekte olan Fadime, o hışımla Temel'e dönerek:
- Ha bu yumak bitmeden örgüyü bitirmeliyim, demiş.

OTELCİ TEMEL

Otelci Temel'in kapısını bir gece bir İspanyol asilzadesi çalmış.
- Odanız var mı?
- Kimsunuz?
- Jose de Santana de Monte Cristo de Santa Cruzo.
- Haa, pu kadar usağu alacak yerum yok!

FAKİRİZ

İlkokulda üç çocuk bebeklerin nasıl dünyaya geldiğini konuşuyormuş.
Dursun:
- Bizum ailede hep leylekler getirir.
Fadime:
- Bizde cül baçesinde bulunur.
Temel:
- Piz façiriz, pizde bebekleri annem kendisi yapayi!

NE GETİRSİN?

Temel'le tayfası Dursun küçük bir kayıkla balığa çıkarlar. Denizde epeyce yol aldıktan sonra büyük bir fırtına kopar. Temel yönünü kaybeder ve Dursun'a bağırır;
- Çabuk pusulayi getur!

Dursun cevap verir:
- Pusulayi bulamayirum ne getireyum?

Temel sakince cevap verir:
- Kelime-i Şehadet getir.

RİZE'NİN KURTULUŞU

Bir gün Rizeliler demiş ki "Ya her yerin bir kurtuluşu var tek Rize'nin yok bari bir gazi bulalım da Rize nasıl kurtulmuş anlatsın bize. O gün bayramlar seyranlar olsun, okullar tatil olsun." Demişler.

Sonunda bir gazi bulmuşlar. Rizeliler demiş ki "Eee, amca anlat bakalım Rize nasıl kurtulmuş."

Gazi demiş ki "Çok zor günlerdi çok. Düşman karşıdan geliyor elinde top tüfek, pir kaçtuk, pir kaçtuk."

OKEY

Temel, imam efendiye sorar.
- Oçey demek günah mitur?
İmam efendi cevap verir.
- Herıld yani.

SOYULMUŞ

Temel ava çıkmış, eli boş dönmemek için kasaptan bir tavşan almış. Fadime,
- Ha pu netur, soyulmuş tavşanı nasıl avlaysun?
- Sevişirken yakaladum, çiyinmeye firsatu olmadu vurdim oniii...

KAZA

Trabzon Rize arasında felaket bir trafik kazası olur. Polis ekipleri olay yerinde inceleme yaparken bir de bakmışlar ki Temel'le Dursun'un kafa gözü darma dağınık, kan revan içerisinde yatıyorlar ama diğer yolcular sapa sağlam, polisler buna şaşırır...

Temel'e sorarlar nasıl oldu bu?

Temel anlatmaya başlar:

Rize'den yolcu aldım hava da sıcaktı minibüs dolu, efkârlandım attım ferdinin kasetini, arabanın penceresini açtım kafamı çıkardım. Pencereden bir yandan da hava alıyorum. Bir de ne göreyim, Dursun da aynı vaziyette Trabzon'dan geliyormuş... Bu vaziyete geldik işte....

SİGARANIN ZARARLARI

Temel, sigaranın zararları konulu bir konferansta konuşuyormuş. Bir adam sormuş:

- Hayatım boyunca sigara içtim ve seksen yaşıma geldim. Ne diyorsunuz?

- Sigara içmeseytun pelçi te toksan yaşuna celmiş olacaktun.

TRAFİK CANAVARI

Bir gün Temel araba kullanıyordu. O gün de yollara kazaların azalması için ilanlar asılıyordu. İlanda, bir adam eliyle gelen arabaları gösteriyordu. Bir de konuşma balonu vardı. Orada:
- Lütfen hızlı araba kullanmayınız, yazıyordu. Temel bunu görür görmez arabasını kenara çeker. Kendi kendine:
- Uy benum hizlu araba cullandığımı çim söyledi punlara.

ÇAKTIRMA

Bir gün Temel'le Dursun denize balığa çıkmışlar. Aniden yağmur yağmaya başlamış, dalgalar insan boyundaymış. Tabi Temel'le Dursun korkmuşlar. Temel başlamış duaya:

"Allah'ım sen bizi sağ salim karaya çıkar sana 10 hamsi feda edeceğum.

Dursun demiş ula Temel 10 hamsi çok değil mudur? Temel demiş "Çaktirma karaya çıkınca hiç vermeyeceğum!

ÇALINAN ARABA

Temel evinde oturuyormuş. Dursun gelip, 'Temel araban çalınıyor.' demiş. Temel arabanın arkasından koşmuş ve bir süre sora geri dönmüş.

Dursun, 'ne oldi yakalayabildin mi?' demiş. Temel, 'yakalayamadum ama plakasını aldım.' demiş.

KARADENİZ FIKRALARI

TEMEL ATMA TÖRENİ

Adamın biri bir gün Karadeniz Bölgesi'ne gezmeye gider.

Arabasıyla ilerlerken bakar bir uçurumun kenarında muhteşem bir manzara ve de bir grup yöreli davul, zurna, kemençe, horon tepiyorlar.

Çeker arabasını ve başlar seyretmeye, ama o da ne...

Adamlar bir tur atıp geliyorlar uçurumun başına ve halayın başındakini atıyorlar aşağıya... Sonra bir tur daha ve yine bir adam aşağıya...

Turist dayanamaz yaklaşır yanlarına, sorar:

- Kardeşim, ne diye atıyorsunuz adamları aşağıya? İçlerinden biri cevap verir:

- Haçan biz burada Temel atma töreni yapayruk...

TAKSİCİ TEMEL

Turistin biri taksi şoförü Temel'den şehir turu için belli bir saatte gelip kendisini almasını istiyor...

Temel ertesi gün gelmeyince kızgın turist şikâyet ediyor...

Temel'i bulup soruyorlar.

- Niye gelmedin?
- Pağa söyletiği toğru da, acaba pen oğa peçi temiş miyum?

BAYRAM NAMAZI

Temel'in annesi ölmüş. Cenaze namazında bir kenarda duruyormuş.
Soranlara:
"Pen cenaze namazi kilmasini pilmeyrum" diyormuş.
Bir müddet sonra kayınvalidesi ölmüş.
Namazda Temel'i en ön sırada görenler:
"Hani sen çenaze namazi pilmezdun?"
"Pen çenaze namazu pilmem dedum, payram namazu değül..."

VKALA

Temel ekmek parasını Almanya'da kazanan Türklerden biriydi. Askerliğinden sonra gurbete çıkmış ve Almanya'da evlenip çoluk çocuğa karışmıştı. İş, ev ve çocukların büyümesi derken aradan 15 yıl geçmiş ve Temel bu 15 yılın sonunda Rize'nin köylerinden birinde oturan annesi ve babasını görmek için yurda dönmüştü.

Altında arabası, yanında çocukları ve bir yığın hediyeyle birlikte köye geldiklerinde kendilerini bütün köy halkı karşılamış ve onları doğruca annesi ile babasının oturduğu eve götürmüşlerdi.

Tam Temel evden içeriye girecekken küçük oğlu Cemal, babasını dürttü ve evin duvarındaki kahverengi şeylerin neler olduğunu sordu:

Haa onlar mı, onlar tezektür uşağum... Cemal bu kez daha merakla sordu:
- Peki baba, tezek nedir?
- Tezek inek pokudur uşağum... Cemal bir süre kafasını kaşıdı ve hiç bir şey anlayamamışçasına tekrar sordu:
- Peki baba, her şeyi anladım da, inekler duvara nasıl yapıyorlar onu izah eder misin?

BIYIK

Trabzon'u gezmekte olan turist:
- Allah Allah, burada herkesin bıyığı var, demiş. Temel, burnuna dikkat çekerek:
- Piz önemli ve değerli şeylerin altini çizeruz.

YÜZME BİLMEYRUM

İngiliz, Fransız ve Temel yurt dışına kaçak eşyalar taşıyorlarmış. Bir gün gemide üçü yakalanmışlar bunları asmaya karar vermişler ve geminin önüne üç tane darağacı yapmışlar. Önce İngiliz'in kafasına ipi geçirmişler ve itmişler, ip bol gelince İngiliz suya düşerek yüzerek kaçmış; sıra Fransız'a gelmiş onun ipi de bol olunca oda kaçmış sıra Temel'e gelmiş Temel öne yürümüş ve dönmüş demiş ki,

"Ula uşaklar benim ipi iyice sıkun da, ben yüzme bilmeyrum"

TUVALET FIRÇASI

Temel pazarda dolanırken arkadaşının tuvalet fırçası aldığını görür. "O ne" diye sorar. Arkadaşı da "Tuvalet Fırçası" der. Temel de aynından alır. 2 gün sonra tekrar karşılaşırlar.
Arkadaşı:
"Memnun musun fırçadan?"
Temel:
"Yok arkadaş, ben tuvalet kağıduni tercih ederum."

DOKTOR RAPORU

Temel'e bir işe girmek için sağlık raporu lazım olmuş. Gitmiş tam teşekküllü bir hastaneye. Epey muayeneden sonra doktor sormuş:

"Kulaklarınızdan ya da burnunuzdan bir şikâyetiniz var mı?"

- "He ya" demiş Temel. "Özellikle fanilamu çikarurken çok zorlanayrum."

NASIL FARKETMİŞ?

Temel yemek odasının üzerindeki çatının aktığını fark edince hemen bir çatı ustası çağırmış.
Usta gelip şöyle bir bakmış:
"Çatınızın aktığını ne zaman fark ettiniz?" diye sormuş.
"Dün gece." demiş Temel,
"Çorbamı içmem iki saat sürünce şüphelendim!"

YUMRUĞU KİM VURMUŞ?

Temel nefes nefese Haydarpaşa'da tren garına gelmiş. Bilet satan memur, gazete okumaktaymış. Parayı ona uzatmış.
- Bostancı'ya bir bilet, demiş.
Gişe memuru, başını kaldırmadan cevap vermiş.
- Sıraya gir!
Temel dönüp sağına soluna bakmış, ama gerisinde hiç kimse yok, gar bomboş.
Bir daha parayı uzatmış:
- Sıraya gir!
Temel lahavle çekmiş, tekrar geriye dönüp bakmış peşinde kimse yok. Kfasını gişeden içeriye uzatmış memur hala gazete okuyor.
- Hemşerim Bostancı'ya bir bilet daa!

Memur yine başını bile kaldırmadan sıraya gir demiş. Temel Ya Allah deyip yumruğu memura patlatmış.

Paldır küldür yere yuvarlanan memur neye uğradığını şaşırmış.

- Ne vuruyorsun yahu? demiş. Temel Ben mi? demiş ve ilave etmiş.

- Bu kadar kalabalıkta benim vurduğumu nerden biliyorsun?

TEMEL UYKUDA

Bizim Temel uyuyormuş. Birden yataktan düşmüş, kalkmış yeniden yatmış. Biraz sonra bir daha düşmüş; sevinerek mırıldanmış:

- İyi ki kalkmışım yoksa üstüme düsecektum.

ÖDÜL

Cemal kahvede cüzdanını kaybetmiş.
Kahve ahalisine dönerek: İçinde on milyon vardı. Bulup bana getirene beş yüz bin vereceğim.
Temel atılmış:
Bulup bana getirene beş milyon vereceğim.

BABAANNE

Temelcik,
- Baba pen babaannemle evlenmek istiyrum.
- Çimle dedun.
- Babaannemle.
- Haçen hiç öyle şey olur mi?
- Niye olmasun sen penum annemle evlenmişsun ya.

AKILLI DAMAT

Temel ile Fadime birbirlerine deli gibi aşıktır. Bir süre gezip tozduktan sonra evlenme teklif eden Temel'e Fadime:

- Papamdan iste beni der.

Akşama şeker yaptırıp kız istemeye tek başına giden Temel, durumu açıklar; tek başına olduğunu ve Fadime'yi çok sevdiğini, evlenmek istediğini belirtir. Kızın babası da Temel'i sever. Bir ara baş başa kalınca babası:

- Sigara içeymusun oğlum?
- Hayur efendum?
- Peçi içki?
- Ağzuma sürmem efendum.
- Gezup eğlenmezmisun, gece hayatı yok mu?

- Asla efendum.
- Çapkınlıkta mı yapmazsun?
- Annemden başka kadın tanımadum efendum.
- Ula uşak aramızda kalacak be hiç mi bir kusurun yoktur da?
- Bir kusurum var efendum, yalan söylerum.

ÇİRKİNLİK

Cemal, Temel'e evlenmesi için kız öneriyormuş.
- Senun yerinde olsam o çizla cözü kapalu evlenurdum.
- Neden, o kadar çirkin midur?

TEMEL'İN İYİLİK MELEĞİ

Temel kahvede çay içerken gaipten bir ses duyarak ürperir. Duyduğu ses:

- Temel, hemen dışarı çık. Hemen uzaklaş buradan, demektedir.

Bulunduğu yerden çıkmasıyla birlikte, büyük bir tüp patlaması olur. Ortalık kan gölüne döner.

Temel olayın şokuyla duyduğu sesi unutup,
- Verilmiş sadakam vermiş der.

Bir taksiye binip evinin yolunu tutar. Aynı sesi yeniden duyar:

- Hemen arabadan in! demektedir.

Bir önceki olayı hatırlayan Temel, ne oluyoruz? diyerek derhal arabadan iner. Araba daha 100 metre gitmeden bir tırın altına girip paramparça olur.

Temel korku içinde işittiği sese sorar:
- Sen kimsin? Sesten cevap gelir:
- Ben senin iyilik meleğinim. Seni tehlikelere karşı uyarırım.
Temel iyilik meleğine hayıflanarak sitem eder.
- Fadime ile evlendiğimde neredeydin be sevgili iyilik meleğim?

RANDEVU

Temel, Dursun'la şafakta köprü altında buluşmak için anlaşmışlar.
Temel demiş ki, yatsiya çadar celdim celdim, celmedüm cidersun.

ÖLÜR MÜYÜM?

Temel intihar etmek istiyormuş. Dursun:
"Bak, Temel" demiş. "Şu binanun 25. katindan atlasana! 3 günde ancak yere inersun."
Temel sormuş:
"Peçi ölür müyüm?"
Dursun cevaplamış:
"Tabi, 3 gün yeyup içmeden yaşanur mi?"

100. KAT

Temel, bir gün oğluyla 100 katlı bir otele gitmiş. Daha 10. katta çocuk:
- Baba, sana bir şey söyleyeceğim.
- Oğlum, 100. katta söylersin.
100. kata gelince çocuk babasına şöyle demiş:
- Baba, anahtarı unuttuk...

ÜÇ ARKADAŞ

Adanalı Cemal, Kayserili Kemal ve Temel Boğaz Köprüsü'nde tamir yapıyorlarmış ve karıları bunlara yemeleri için birşeyler hazırlıyormuş. Ama hep aynı şeyler. Kayserili yemek torbasını açıyor pastırmalı ekmek. Adanalı açıyor köfte ekmek.

Temel açıyor ekmek arası hamsi. Bu hep böyle devam ediyormuş. Günlerden birgün bunların canına tak etmiş ve yine aynı şeyleri hazırladılarsa kendimizi köprüden atalım demişler. Adanalı bakmış ekmeğe köfteli, hop atlamış. Kayserilininki de pastırmalı, hop o da atlamış. Temel bakmış hamsi, dayanamamış o da atlamış.

Her birinin evinde ağıt yakılırmış.
Adanalı'nın karısı:

- Vah zavallı kocacığım köfte ekmeği ne çok severdi, hep kendi ellerimle hazırlardım.

Kayserili:

- Vah zavallı kocacığım pastırmalı ekmeği ne çok severdi, hep kendi ellerimle hazırlardım.

Karadenizli ide:

- Vah zavallı kocacığım hamsi ekmeği ne çok severdi, her sabah kalkıp kendi hazırlardı.

5 KİŞİLİK

Temel silah dükkânına girer:
"Ha pi tabanca almak isteyrum"
"Nasıl bir tabanca?"
"5 kişiluk..."

DİRENDİ

Temel bir gün üstü başı yırtık, çok yorgun ve terli bir vaziyette kahveye girer.

Temel'in bu halini gören arkadaşları yanına gelerek merakla: "Ula uşağum nedir bu halin?" diye sorarlar.

Temel:

"Sormayın uşaklar neler oldu... Az önce kaynanamı gömdüm." der.

Arkadaşları:

"Başın sağolsun uşağum da; bu halin nedir?" diye sorunca.

Temel:

"E valla çok güçlü bir kadundu, biraz direndi." demiş...

TEMEL VE KÖPEĞİ

Temel ve köpeği Karabaş trene binerler. Aynı kompartımandaki birisi Temel'e:
- Köpeğinize dikkat edin lütfen, şu anda koca bir pirenin vücudumda dolaştığını hissediyorum, der.
Temel gayet sakin:
- Karabaşum, bu adama yaklaşma, piresu varmuş sana ta geçebilir.

HATIRLA

Temel savaşta 10 arkadaşıyla birlikte düşmana esir düşmüş. İlk gün işkence sonunda ekipten 5 tanesi bülbül gibi konuşmuş. İkinci gün 3 kişi daha dayanamayıp itiraf etmiş. Üçüncü gün sonunda bir tek Temel kalmış.

Dördüncü gün işkencenin dozu artmış. Temelden çıt yok. Beşinci gün işkence iyice ağırlaşmış. Ama Temel yine aynı. İki hafta sonra Temel'i kaldığı hücrede izlemeye karar vermişler. Bizim Temel hem kafayı duvara vurmakta hem de söylenmekteymiş.

- Hatırla.... Hatırla.... Hatırla...

100 HAMSİ

Dursun Temel'e sormuş:
- Uşağum, oruçlu oruçlu kaç hamsi yiyebilirsun?
- 100 tane yerim valla.
Dursun 'sa;
Hadi oradan yesen yesen 1 tane yersin, geri kalan 99 hamsiyi oruçsuzken yersin... Bu espri Temel'in acayip hoşuna gitmiş. Yolda Cemal'i görmüş ve hemen sormuş.
- Uşağum, oruçlu oruçlu kaç hamsi yiyebilirsun?
- 50 tane yerim ben...
- Tüh bee! Uşağum 100 deseydin sana müthiş bir espri yapacaktum...

NOTLAR

NOTLAR

NOTLAR